	Einmachen	Kandieren	Einwecken	Entsaften	Einlegen*	Milchsäure-gärung	Trocknen	Einfrieren	Lagern
Berberitzen	○			○				○	
Ebereschen	○			○					
Hagebutten	○								
Heidelbeeren	○		●	○					
Holunderbeeren	○		○	○					
Nüsse		○			○				
Preiselbeeren	○		○						
Sanddorn	○			○				○	
Schlehen	○		○	○					
Ananas	○	○			●		○		
Bananen		○					○		
Grapefruits	○	○							
Ingwer		○					○		
Kiwis	○				○				
Limetten	○	○							
Mandarinen					○				
Mangos	○				○				
Orangen	○	○							
Zitronen	○	○							
Basilikum							●		
Beifuß							●		
Bohnenkraut							●		
Borretsch								○	
Dill								●	
Estragon							●	○	
Kerbel									
Knoblauch							●		
Koriander								○	
Lavendel							●		
Liebstöckel							●		
Majoran							●		
Meerrettich								○	
Melisse							○		
Oregano							●		
Petersilie							○	●	
Pfefferminze							●		
Pimpinelle							●	○	
Rosmarin							●		
Salbei							●		
Schnittlauch							○	●	
Thymian							●		
Zitronenmelisse							●		

* in Alkohol, in Essig oder in Zucker und Essig

○ = mögliche Konservierungsart ● = ideale Konservierungsart

DAS GROSSE BUCH VOM
EINMACHEN

Leben mit der Natur

Heike Knophius / Norbert Dütsch

DAS GROSSE BUCH VOM
EINMACHEN

LUDWIG

Inhalt

Köstliche Säfte aus eigener Herstellung.

Selbst Eingemachtes das ganze Jahr.

Grundausstattung der Arbeitsgeräte.

Vorwort

»Alle aus dem Dorf waren zum Festschmaus eingeladen. Und was der Vorrat hergab, wurde aufgetragen: Schüsseln mit Sülze, Platten mit gepökelten Schweinerippchen, Schüsseln mit Buchweizengrütze, Schüsseln mit Dillgurken, Schalen mit Erdbeerkompott, Platten mit Früchtebrot, Schalen mit Backpflaumen, Platten mit geräuchertem Schinken, Schüsseln mit gesalzener Ochsenzunge, Kannen mit Fruchtsaft, Flaschen mit Fruchtwein, Schalen mit Ingwerbirnen und noch viel mehr …«

Traditionelle Vorratshaltung

Die Zeiten einer solch üppigen Vorratshaltung sind zwar Vergangenheit, doch findet derzeit eine zunehmende Rückbesinnung auf die Kunst des Haltbarmachens, Konservierens und Lagerns von Lebensmitteln statt.
Beim Gedanken an selbst gemachte Marmeladen, hausgepresste Obstsäfte und frisch eingelegte Gurken werden so manche Kindheitserinnerungen wach. Unsere Großmütter und Großväter beherrschten noch traditionell verschiedenste Methoden des Haltbarmachens. Für sie stand dabei in erster Linie die Vorratshaltung für die langen Wintermonate im Vordergrund. War dies doch die einzige Möglichkeit, das karge Nahrungsmittelangebot der kalten Jahreszeit zu ergänzen. Heute dagegen können wir das ganze Jahr über frische Nahrungsmittel kaufen oder auf industriell haltbar gemachte Lebensmittel zurückgreifen.

Die Freude am Einmachen

Doch neben der reinen Vorratshaltung bietet Selbsteingemachtes, Selbsteingekochtes, Selbsteingelegtes und Selbstgekeltertes viele überraschende Vorteile. Im Vordergrund steht natürlich der mit dem Einmachen verbundene Spaß und die Möglichkeit, Eigenes zu kreieren – für sich selbst, für die Familie oder auch als Geschenk für Freunde und Bekannte. Daneben lässt sich durch die Vielzahl der Konservierungsverfahren die Beschaffenheit und Konsistenz von

TRADITION
Einmachen hat eine lange Tradition. Über Jahrtausende war dies die einzige Möglichkeit, um Vorräte für die kalte Jahreszeit mit ihrem kargen Nahrungsmittelangebot anzulegen.

frischem Obst oder Gemüse unterschiedlich verändern. Auf diese Weise bereichert die verwandelte Frischkost unseren Speiseplan jeden Tag aufs Neue, denn ein selbst gemachtes Apfelmus beispielsweise schmeckt zu einigen Gerichten nun mal besser als ein ganzer Apfel, und eine Erdbeerkonfitüre auf dem Frühstücksbrötchen kann durch frische Beeren geschmacklich kaum überboten werden.

Der gesundheitliche Nutzen

Ein weiterer und nicht unwesentlicher Aspekt beim Einmachen ist das Wissen um die verwendeten Zutaten. Hier heißt das Stichwort Allergien. Immer mehr Menschen reagieren auf bestimmte Zusatzstoffe wie beispielsweise Farbstoffe, Konservierungsmittel und Geschmacksverstärker in industriell hergestellten Nahrungsmitteln mit Abwehrreaktionen des Körpers, die sich ganz unterschiedlich äußern können, vom allergischen Schnupfen über Hautausschläge bis hin zu Gelenk- oder Kopfschmerzen. Die Liste der undurchschaubar abgekürzten Stoffe auf dem Etikett einer Konfitüre aus dem Supermarkt ist lang. Konservieren wir aber unsere Lebensmittel selbst, haben wir es in der Hand, welche Zutaten wir beim Einmachen verwenden. Selbstgemachtes bekommt dadurch einen hohen gesundheitlichen Stellenwert. Und wer saisongerecht Obst und Gemüse preiswert einkauft oder sogar die Möglichkeit hat, im eigenen Garten zu ernten, erfährt zusätzlich eine Entlastung der Haushaltskasse. Denn die meisten Methoden des Haltbarmachens lassen sich einfach und preisgünstig ausführen.

Über diesen Ratgeber

In diesem modernen Ratgeber erfahren Sie alles Wissenswerte über die Kunst des Haltbarmachens. Jede Methode wird genau beschrieben, und mit Hilfe von Schritt-für-Schritt-Anleitungen werden Ihnen Konfitüre, Kompott, Eingelegtes, Saft, Fruchtlikör, Trockenobst, Sauerkraut und noch vieles mehr sicher gelingen. Bald werden Sie sehen, welche Vorteile die kunstgerechte Vorratshaltung auch in unserer Zeit noch zu bieten hat.
Nur Mut: Jetzt geht's ans Eingemachte!

GESUNDHEIT
Beim Haltbarmachen in der eigenen Küche kann man selbst bestimmen, welche Zutaten verwendet werden und auf welche unnötigen Zusatzstoffe man verzichtet.

Grundsätzliches zum Haltbarmachen

HALTBARKEIT
Durch Konservieren
wird die Konsistenz
von Lebensmitteln
verändert und die
Haltbarkeit ver-
längert.

Durch die Konservierung kann die Haltbarkeit von Nahrungsmitteln wesentlich verlängert werden. Viele Lebensmittel behalten nur wenige Stunden oder Tage ihren optimalen Frischegehalt und alle lebenswichtigen Nährstoffe. Danach verlieren sie durch den Einfluss von Licht und Sauerstoff kontinuierlich einen Teil dieser Qualitätsmerkmale. Außerdem führen schädliche Mikroorganismen (Kleinstlebewesen) zum Verderb der Nahrungsmittel. Zu den verderbniserregenden Mikroorganismen gehören beispielsweise Bakterien, die sich bevorzugt in eiweißreichen Lebensmitteln entwickeln, sowie Hefen und die Sporen von Schimmelpilzen, die besonders auf Obst und Gemüse wachsen. Der Verfall der Nahrungsmittel zeigt sich dann in Form von Schimmelbildung, Gärung, Säuerung und Fäulnis. Jede Konservierungsmethode verhindert auf ihre eigene Art und Weise diesen Verderb. Dabei verändern sich fast immer auch der Geschmack oder die Beschaffenheit der jeweils konservierten Lebensmittel. So bekommen etwa getrocknete Früchte, Kräuter und Pilze eine viel kompaktere Konsistenz und schmecken wesentlich intensiver als die entsprechenden frischen Produkte.

Zu süßer Marmelade und Konfitüre, sauer-pikanten Chutneys oder Säften eingekochtes Obst oder Gemüse entfaltet ganz andere Geschmacksqualitäten, als sie die frischen Zutaten bieten.

Verderb

Es wird zwischen drei Arten von Verderb unterschieden:
Fäulnis: Mikroorganismen zersetzen Eiweißstoffe.
Gärung: Mikroorganismen spalten Kohlenhydrate auf.
Schimmelbildung: Sporen des Schimmelpilzes setzen sich als giftiger Belag auf den Nahrungsmitteln ab.

Welche Konservierungsverfahren gibt es?

Generell unterscheidet man zwischen Haltbarmachen durch Kälte, durch Hitze, durch Trocknen und durch natürliche Konservierungsmittel, wie zum Beispiel Zucker, Salz, Essig, Öl und Alkohol. Teilweise lassen sich diese Verfahren miteinander kombinieren, wie beispielsweise bei der Herstellung von Marmeladen, Konfitüren und Gelees und beim Einwecken von Obst und Gemüse.

Konservierung durch Kälte

Hier muss zwischen dem Tiefgefrieren, dem Gefrieren und dem Kühlen unterschieden werden. Beim Tiefgefrieren wird das Wachstum von verderbniserregenden Mikroorganismen ab minus 18 °C vollständig gestoppt. Hierfür eignen sich nur Gefriergeräte mit einem 4-Sterne-Symbol. Beim Gefrieren und Kühlen hingegen wird das Wachstum lediglich verlangsamt. Gemeinsam ist allen Kälteverfahren, dass die Lebensmittel nur eine bestimmte Zeit lang haltbar sind – am längsten im 4-Sterne-Gefriergerät. Im Gefrierfach aufbewahrte Nahrungsmittel sollten innerhalb von 2 bis 3 Monaten verwendet werden. Im Kühlschrank gelagerte frische Nahrungsmittel sind je nach Produkt – von Eiern abgesehen – maximal 2 Wochen haltbar. Die meisten Lebensmittel jedoch halten sich auch in der Kälte nur ein paar Tage.

Konservierung durch Hitze

In der Hauswirtschaft versteht man darunter in erster Linie die Sterilisation und die Pasteurisation. Beim Sterilisieren werden Lebensmittel bis zu einer Temperatur von 100 °C und mehr erhitzt. Dabei werden alle Mikroorganismen bis hin zur Sterilität abgetötet. Dieses Verfahren ist im Privathaushalt nur eingeschränkt durchführbar. Eine Vollsterilisation kann nur industriell im Autoklav (geschlossener Behälter zur Desinfektion und Ähnliches unter Druck) erfolgen. Für das Pasteurisieren, landläufig als Einwecken und Einkochen bezeichnet, werden Temperaturen zwischen 75 °C und 100 °C benötigt. Beim Pasteurisieren findet nur eine teilweise Abtötung der Mikroorganismen statt.

KÄLTESCHLAF

Fast nahezu alle Lebensmittel lassen sich tiefgefrieren. Dies ist die einfachste und zugleich zeitsparendste Konservierungsmethode. Darüber hinaus bleiben beim Tiefgefrieren wertvolle Vitamine, insbesondere das labile Vitamin C, weitgehend erhalten.

9

Dies hat eine nur begrenzte Lagerfähigkeit der eingeweckten Lebensmittel zur Folge.

Konservierung durch Trocknen

Das Trocknen zählt zu den ältesten Konservierungsmethoden. Bei diesem Verfahren wird den Mikroorganismen der Nährboden, sprich das Wasser, entzogen und dadurch ihr Wachstum unterbunden. Das in den Lebensmitteln enthaltene Wasser wird durch Zufuhr von Wärme in Dampf umgewandelt, der sich verflüchtigt. Dies führt gleichzeitig zu einer Verringerung des Volumens.

TROCKNEN
Die im Haushalt angewendeten Trocknungsverfahren sind nur für kleine Mengen geeignet. Durch Hitze und Sauerstoff entstehen allerdings Nährwertverluste, speziell bei den Vitaminen.

Konservierung mit natürlichen Konservierungsmitteln

● Zucker und Salz binden Wasser. In höheren Konzentrationen wirkt diese Eigenschaft konservierend, da sich die Mikroorganismen nicht mehr vermehren können. Wie beim Trocknen wird ihnen also der Nährboden, das heißt das Wasser, entzogen.

● Bei der sogenannten Milchsäuregärung lockert das Salz die Zellwände des Nahrungsmittels und zieht zusammen mit dem Zucker die Flüssigkeit aus den Zellen. In der Flüssigkeit entwickeln sich die Milchsäurebakterien, die beim Gärvorgang Lebensmittel sauer werden lassen. Dadurch wird das Wachstum von Mikroorganismen gestoppt.

● Essig oder Zitronensaft tötet ebenfalls Bakterien ab oder hemmt deren Wachstum. Hier spricht man vom Haltbarmachen durch Einsäuern.

● Auch hochprozentiger Alkohol eignet sich zum Abtöten von Bakterien.

● Durch das Einlegen von Lebensmitteln in Öl wird die Sauerstoffzufuhr verhindert, den die Mikroorganismen zum Wachsen benötigen.

Industrielle Konservierung

Bei der industriellen Konservierung werden den Lebensmitteln diverse Zusatzstoffe zugefügt. Gerade um die oft noch ungeklärten Wirkungen dieser Stoffe auf den menschlichen Organismus zu vermeiden, empfiehlt es sich, Vorräte selbst haltbar zu machen.

Überblick über die häufigsten Konservierungsstoffe

Neben den natürlichen Konservierungsstoffen der traditionellen Küche – Zucker, Salz, Essig und Milchsäure – sind für industriell gefertigte Nahrungsmittel eine Reihe von chemischen Konservierungsstoffen zugelassen. Einige dieser Zusätze haben sich in Laborversuchen als allergieauslösend oder sogar zellschädigend erwiesen, weshalb der Einsatzbereich und die zulässigen Höchstmengen dieser Stoffe vom Gesetzgeber sehr genau festgelegt sind. Diese Regelungen gelten im übrigen für alle Länder der EU. Die Zusatzstoffe wirken im Regelfall gegen Hefen, Schimmelpilze oder Bakterien, sie verhindern also, dass Lebensmittel ungewollt vergären, hemmen die Schimmelbildung und den Bakterienbefall. Haupteinsatzgebiete sind u. a. leichtverderbliche Fisch- und Fleischkonserven, Fertigsaucen, Mayonnaisen sowie Feinkostsalate wie z. B. Kartoffelsalat. Man sollte diese Stoffe kennen und damit behandelte Lebensmittel bei erhöhter Empfindlichkeit meiden, für das Einmachen zu Hause spielen sie allerdings keine Rolle.

Die wichtigsten Konservierungsstoffe	Wirkung gegen	gesundheitliche Risiken	Beispiele für Lebensmittel
Sorbinsäure	Hefen und Schimmelpilze	k. A.	Mayonnaise, Marinaden, (konzentrierte) Fruchtsäfte
Benzoesäure	Bakterien, Hefen und Schimmelpilze	k. A.	Fischpasten, Garnelenerzeugnisse, flüssiges Vollei
PHB-Ester	Bakterien, Hefen und Schimmelpilze	k. A.	Brat- und Kochfischwaren, Gewürz- und Salatsaucen
Ameisensäure	Hefen und Bakterien	k. A.	Obstmark, (konzentrierte) Fruchtsäfte
Diphenyl	Hefen und Schimmelpilze	potentiell allergen	Zitrusfrüchte, getrocknete Zitrusfruchtschalen
Propionsäure	Hefen und Schimmelpilze	Krebsverdacht	seit 1988 in Deutschland verboten
Schwefeldioxid	Bakterien	potentiell allergen	Trockenfrüchte, Gerstengraupen, viele Zuckerarten
Orthophenylphenol	Hefen und Schimmelpilze	potentiell allergen	Zitrusfrüchte, getrocknete Zitrusfruchtschalen

Die Wirkung der verschiedenen Konservierungsverfahren

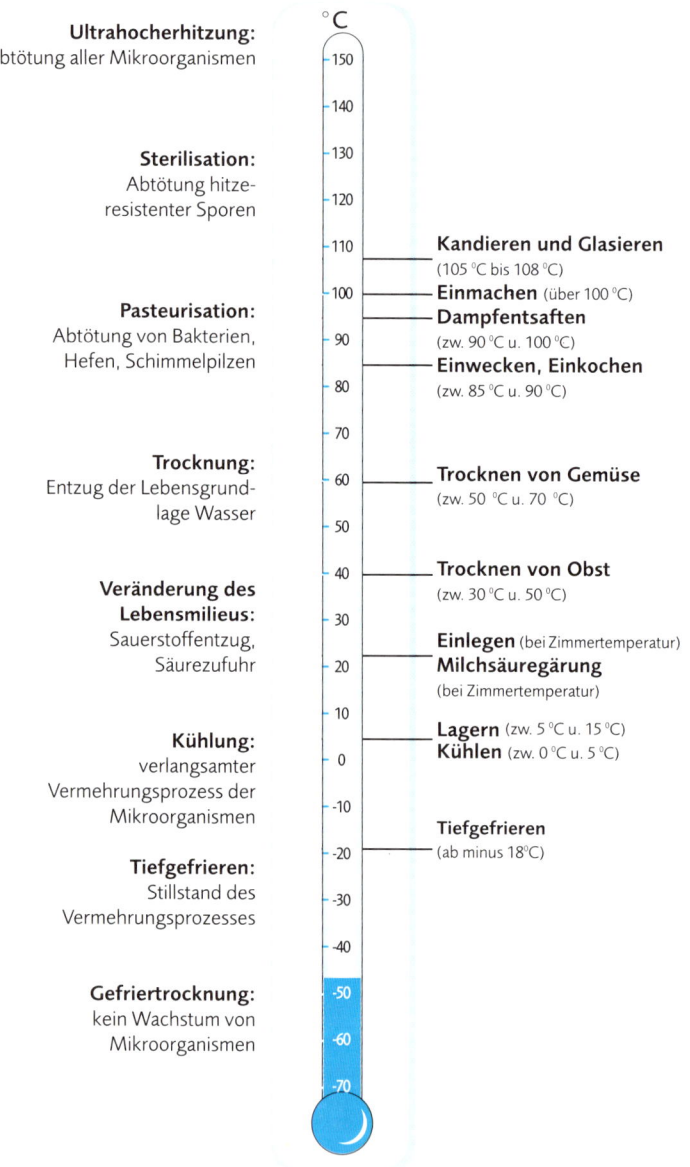

MIKRO-ORGANISMEN UND WACHSTUM

Es gibt viele Möglichkeiten, Nahrungsmittel für den Vorrat haltbar zu machen. Das Wachstum von Mikroorganismen (Kleinstlebewesen) wird durch die verschiedenen Konservierungsverfahren unterschiedlich gehemmt oder gestoppt.

Ultrahocherhitzung:
Abtötung aller Mikroorganismen

Sterilisation:
Abtötung hitzeresistenter Sporen

Pasteurisation:
Abtötung von Bakterien, Hefen, Schimmelpilzen

Trocknung:
Entzug der Lebensgrundlage Wasser

Veränderung des Lebensmilieus:
Sauerstoffentzug, Säurezufuhr

Kühlung:
verlangsamter Vermehrungsprozess der Mikroorganismen

Tiefgefrieren:
Stillstand des Vermehrungsprozesses

Gefriertrocknung:
kein Wachstum von Mikroorganismen

°C
150
140
130
120
110
100
90
80
70
60
50
40
30
20
10
0
-10
-20
-30
-40
-50
-60
-70

Kandieren und Glasieren
(105 °C bis 108 °C)
Einmachen (über 100 °C)
Dampfentsaften
(zw. 90 °C u. 100 °C)
Einwecken, Einkochen
(zw. 85 °C u. 90 °C)

Trocknen von Gemüse
(zw. 50 °C u. 70 °C)

Trocknen von Obst
(zw. 30 °C u. 50 °C)

Einlegen (bei Zimmertemperatur)
Milchsäuregärung
(bei Zimmertemperatur)

Lagern (zw. 5 °C u. 15 °C)
Kühlen (zw. 0 °C u. 5 °C)

Tiefgefrieren
(ab minus 18°C)

Weniger ist oft mehr

Welche Mengen eines Nahrungsmittels sollte man konservieren? Dies ist nicht nur eine Frage der Haushaltsgröße – natürlich legt man für eine mehrköpfige Familie einen größeren Vorrat der jeweiligen Lebensmittel an als beispielsweise für einen kleinen Zweipersonenhaushalt. Es geht hier auch um die Möglichkeit zur Abwechslung. Wenn das ganze Jahr hindurch jeden Morgen ausschließlich selbst gemachte Erdbeerkonfitüre auf dem Frühstückstisch steht, handelt es sich um eine Fehlplanung.

Orientieren Sie sich beim Einmachen nach Möglichkeit am Saisonkalender und prüfen Sie, was gerade die höchste Qualität und den günstigsten Preis hat. Ernten oder kaufen Sie immer nur so viel Obst und Gemüse, wie Sie auch noch am selben Tag verarbeiten können. Denken Sie daran, daß auch Eingemachtes nur eine begrenzte Haltbarkeit besitzt und dass nach einer bestimmten Zeit wertvolle Inhaltsstoffe, Farbe und Aroma verloren gehen. In einigen Fällen ändert sich sogar die Konsistenz eingemachter Nahrungsmittel: Zu lange gelagerte Konfitüren werden beispielsweise trocken.

Das jahreszeitliche Angebot nutzen

Da es nahezu rund ums Jahr frisches Obst und Gemüse zu kaufen gibt, können Sie Ihre Vorräte immer wieder entsprechend ergänzen. Und sollten Sie tatsächlich einmal ein Überangebot an bestimmten Früchten oder Gemüsesorten in Ihrem Garten haben, dann wählen Sie doch unterschiedliche Konservierungsverfahren. Als Faustregel für die Verpackungsgröße gilt: Das Eingemachte sollte möglichst auf einmal verwendet werden können. Eine Ausnahme bilden selbstverständlich Konfitüren, Marmeladen und Gelees. Auch hier ist es allerdings sinnvoller, in kleine Gläser abzufüllen, um zwei bis drei verschiedene Sorten zum Frühstück anbieten zu können. Das Gleiche gilt auch für Chutneys, Relishes und Ketchups, da sie meist nur in kleinen Mengen verzehrt werden. Einmal geöffnete Gläser sollten nicht mehr lange aufbewahrt werden.

ALLTAGSKÜCHE
Eingemachtes in kleinen Mengen sorgt für Abwechslung bei der täglichen Speisenplanung. Auch wenn überraschend Gäste kommen, kann das Eingemachte aus der Not helfen.

Die Wahl des Verfahrens

AUFBEWAHREN UND LAGERN
Bei der Wahl der Konservierungs-methode sollten auf alle Fälle auch die Lagermöglichkeiten berücksichtigt werden.

Ausschlaggebend für die Wahl des Konservierungsverfahrens sind die Lagermöglichkeiten. Für Konfitüren, Eingewecktes und Eingelegtes sind ein kühler und luftiger Keller mit Regalen sowie Speisekammern optimal. Leider zählen sie in unseren Haushalten inzwischen zu den Raritäten. Im Durchschnittshaushalt wird daher meist im Küchenschrank bevorratet, der dafür nur bedingt geeignet ist. Hier können im Allgemeinen auch nur kleine Mengen aufbewahrt werden. Weiter ist bei der Wahl des Konservierungsverfahrens zu berücksichtigen, dass die verschiedenen Lebensmittel auf die einzelnen Konservierungsverfahren unterschiedlich reagieren. Denn während Apfelsaft und Apfelgelee sich schnell zubereiten lassen und garantiert gelingen, ist das Trocknen von Äpfeln eine etwas zeitaufwendigere Angelegenheit. Ein weiterer Aspekt ist, Frische und Geschmack eines Nahrungsmittels zu bewahren. Die beste und modernste Methode hierfür ist heute das Tiefgefrieren. Fast alle Gemüse und viele Früchte, aber auch Fleisch und Fisch eignen sich für den Kälteschlaf.

Gelier- und Einmachhilfen von A bis Z

Agar Agar

Rein pflanzliches Verdickungsmittel aus der Meeres-Rotalge, besonders auch zur Herstellung von zuckerreduzierten oder zuckerfreien Konfitüren und Gelees geeignet. Es ist in Naturkostläden und Reformhäusern erhältlich.

Benzoesäure

Organische Säure in Harzen und verschiedenen Beeren, die die Schimmelbildung verhindert. Benzoesäure ist Bestandteil von Einmachhilfen.

Essig

Gärprodukt alkoholhaltiger Flüssigkeiten wie Branntwein und Wein mit Hilfe von Essigsäurebakterien. Die konservierende Wirkung setzt bereits bei einem Säuregehalt von 0,8 Prozent ein. Essenz muss verdünnt werden.

Pektin

Das Fruchtfleisch und Fruchtsaft zusammenhaltende Enzym Pektin wird aus den getrockneten Obstrückständen beispielsweise bei der Apfelsaftproduktion oder aus Zitrusschalen gewonnen. Apfel- und Zitruspektin sind natürliche Gelier- und Verdickungsmittel, die in Kombination mit Zucker und Fruchtsäure erst das Gelieren von Konfitüren, Marmeladen und Gelees ermöglichen. Die handelsüblichen Geliermittel und Gelierzucker enthalten vorwiegend Pektin.

Salz

Salz wird unter anderem zur Milchsäuregärung benötigt. Am besten verwendet man Koch- oder Meersalz.

Sorbinsäure

Organische Säure (Hexadiensäure), die in der Natur vorkommt und ebenfalls den Verderb durch Schimmelpilze und Fäulnisbakterien verhindert. Sorbinsäure wird im menschlichen Stoffwechsel abgebaut.

Zitronensäure

Sie zählt wie die Weinsäure zu den natürlichen Genusssäuren. Zitronensäure kommt, wie es der Name schon sagt, besonders in Zitrusfrüchten und auch in Johannisbeeren vor. Sie wird in erster Linie zur Geschmacksbildung und -verstärkung benötigt.

Zucker

Zucker wird zur Geschmacksverbesserung sowie für das bessere Gelieren eingesetzt und bei der Herstellung von Konfitüren, Marmeladen und Gelees benötigt. Brauner Zucker – sowohl Kandis- als auch Rohrzucker – bietet sich zudem für Chutneys, Relishes und süß-sauer eingemachte Früchte an. Der grobkörnige Hagelzucker wird zum Bestreuen von Obstpasten verwendet. Feiner, leicht löslicher Zucker ist ideal für tiefgefrorene Früchte.

GELINGEN
Damit beim Haltbarmachen garantiert nichts schiefgeht, müssen teilweise Gelier- und Einmachhilfen hinzugefügt werden. Viele von ihnen sind pflanzlichen Ursprungs.

Erntekalender von einheimischem Obst und Gemüse

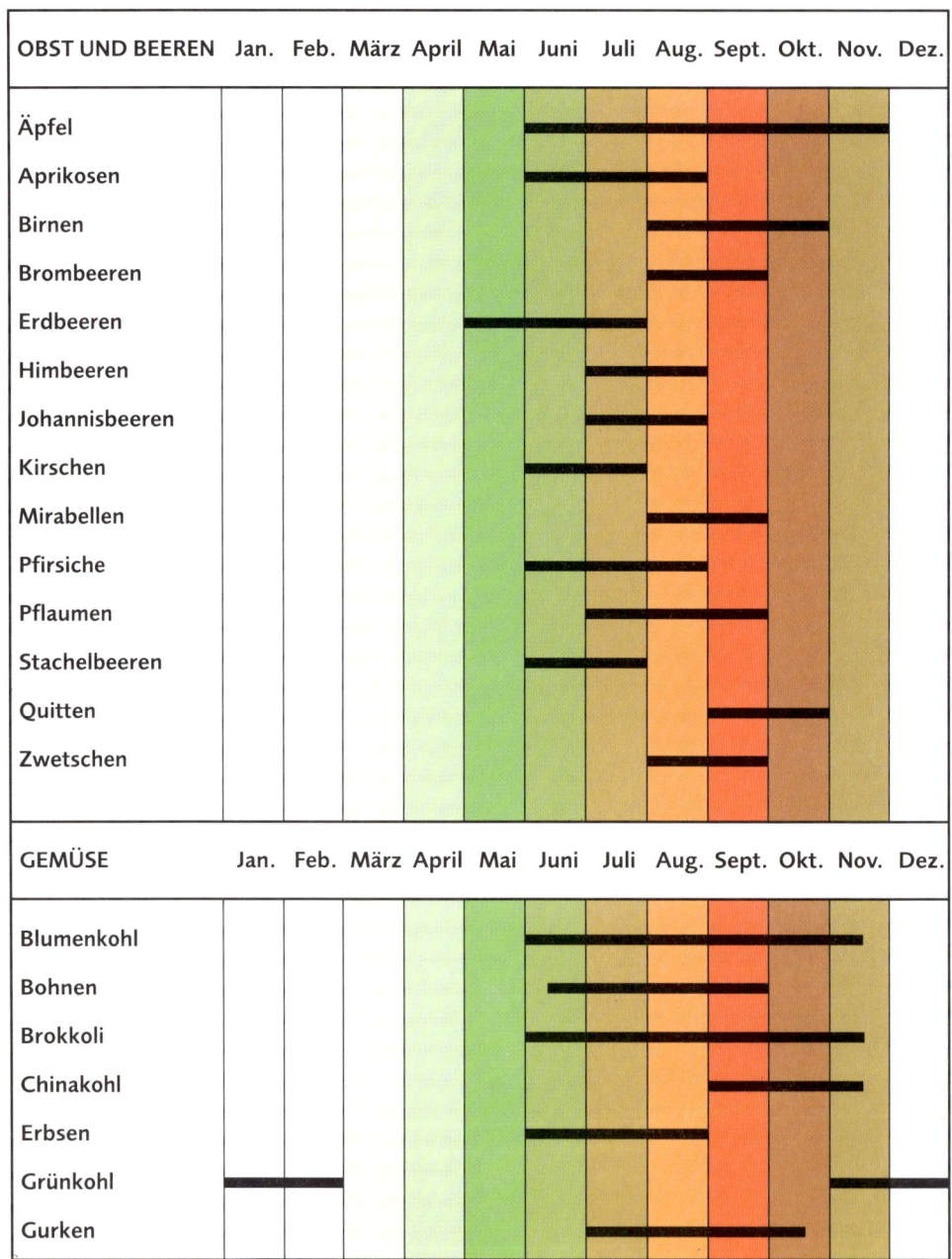

OBST UND BEEREN	Jan.	Feb.	März	April	Mai	Juni	Juli	Aug.	Sept.	Okt.	Nov.	Dez.
Äpfel						███	███	███	███	███	███	
Aprikosen						███	███	███				
Birnen								███	███	███		
Brombeeren								███	███			
Erdbeeren					███	███						
Himbeeren							███	███	███			
Johannisbeeren							███	███	███			
Kirschen						███	███	███				
Mirabellen								███	███			
Pfirsiche						███	███	███				
Pflaumen							███	███	███			
Stachelbeeren						███	███	███				
Quitten									███	███		
Zwetschen								███	███			

GEMÜSE	Jan.	Feb.	März	April	Mai	Juni	Juli	Aug.	Sept.	Okt.	Nov.	Dez.
Blumenkohl						███	███	███	███	███		
Bohnen							███	███	███			
Brokkoli						███	███	███	███	███		
Chinakohl									███	███		
Erbsen						███	███	███				
Grünkohl	███	███									███	███
Gurken							███	███	███			

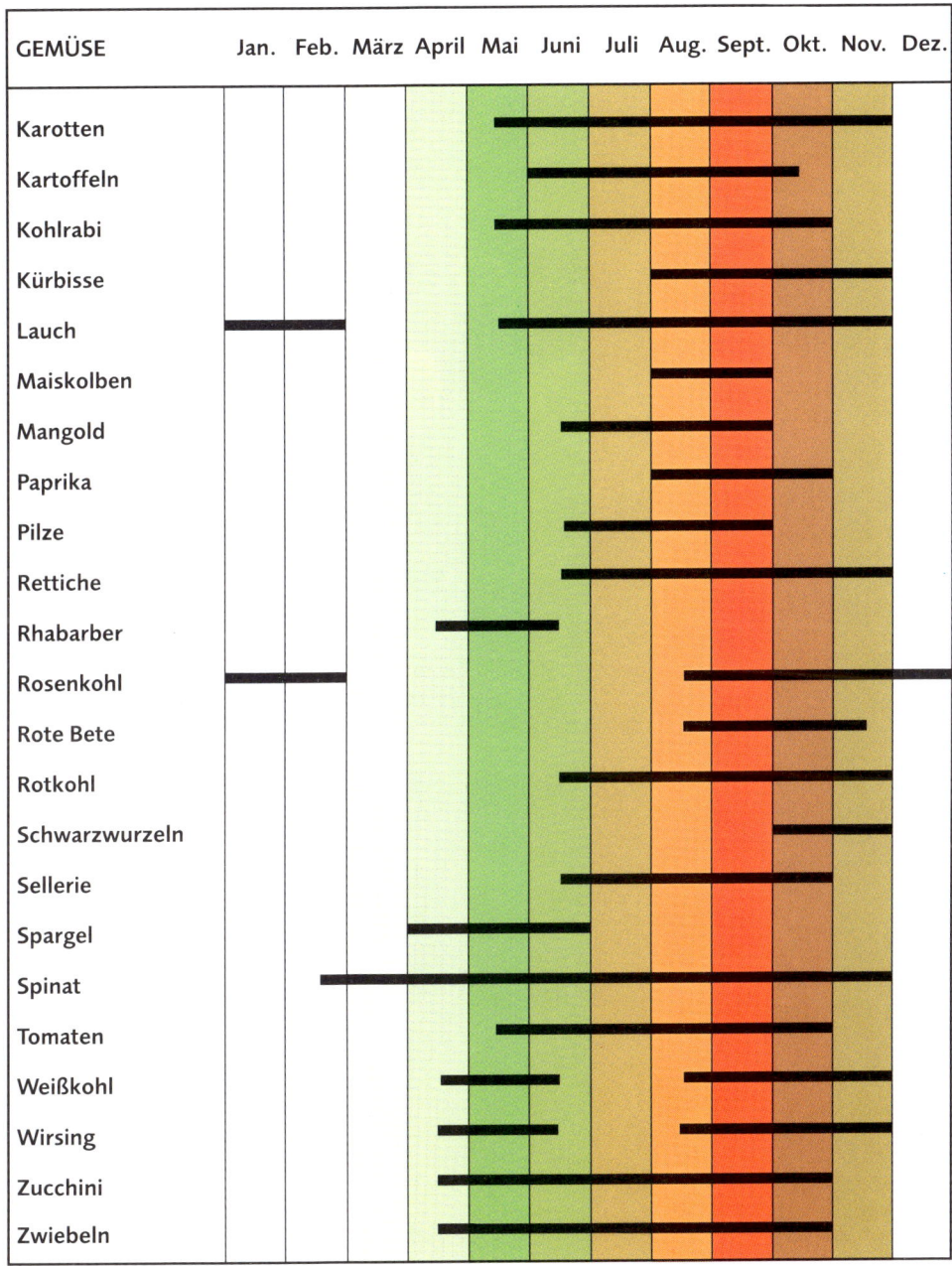

GEMÜSE	Jan.	Feb.	März	April	Mai	Juni	Juli	Aug.	Sept.	Okt.	Nov.	Dez.
Karotten						▬▬▬▬▬▬▬▬▬▬▬▬▬▬▬▬▬▬▬▬▬						
Kartoffeln							▬▬▬▬▬▬▬▬▬▬▬▬▬▬▬					
Kohlrabi						▬▬▬▬▬▬▬▬▬▬▬▬▬▬▬▬▬▬						
Kürbisse								▬▬▬▬▬▬▬▬▬▬▬▬▬▬▬				
Lauch	▬▬▬▬▬▬				▬▬▬▬▬▬▬▬▬▬▬▬▬▬▬▬▬▬▬▬▬▬▬							
Maiskolben								▬▬▬▬▬▬▬				
Mangold						▬▬▬▬▬▬▬▬▬▬▬						
Paprika								▬▬▬▬▬▬▬▬▬▬▬				
Pilze						▬▬▬▬▬▬▬▬▬▬▬						
Rettiche						▬▬▬▬▬▬▬▬▬▬▬▬▬▬▬						
Rhabarber				▬▬▬▬▬▬▬								
Rosenkohl	▬▬▬▬▬▬							▬▬▬▬▬▬▬▬▬▬▬▬▬				▬
Rote Bete								▬▬▬▬▬▬▬▬▬▬▬				
Rotkohl						▬▬▬▬▬▬▬▬▬▬▬▬▬▬▬						
Schwarzwurzeln										▬▬▬▬▬		
Sellerie						▬▬▬▬▬▬▬▬▬▬▬▬▬▬▬						
Spargel				▬▬▬▬▬▬▬								
Spinat				▬▬▬▬▬▬▬▬▬▬▬▬▬▬▬▬▬								
Tomaten						▬▬▬▬▬▬▬▬▬▬▬▬▬▬▬						
Weißkohl					▬▬▬▬▬▬			▬▬▬▬▬▬▬▬▬▬				
Wirsing					▬▬▬▬▬▬							
Zucchini					▬▬▬▬▬▬▬▬▬▬▬▬▬▬▬▬▬							
Zwiebeln					▬▬▬▬▬▬▬▬▬▬▬▬▬▬▬▬▬							

Ein-
machen

gehört nach wie vor
zu den beliebtesten
Konservierungsarten.
Und gerade für den
gesundheitsbe-
wussten modernen
Haushalt ist diese Art
des Haltbarmachens
besonders attraktiv
und praktisch.

Konfitüre, Marmelade, Gelee

Landläufig werden Konfitüren und Gelees als Marmeladen bezeichnet. Laut unserem Lebensmittelrecht darf der Begriff Marmelade jedoch nur für Produkte aus Zitrusfrüchten, also Orangen, Grapefruits und Zitronen, verwendet werden. Unter Konfitüren versteht man Fruchtaufstriche aus einer oder mehreren Obstsorten. Sie werden aus zerkleinerten oder zerdrückten Früchten hergestellt. Konfitüren mit Fruchtstückchen enthalten neben dem gelierten Fruchtsaft auch noch einen großen Anteil an ganzen oder stückigen Früchten.

Gelees dagegen werden aus reinem Fruchtsaft oder einem Fruchtsaftgemisch zubereitet und enthalten deshalb keine Fruchtstückchen mehr.

Daneben gibt es noch das sogenannte Fruchtmus und die Fruchtpasten. Für Fruchtmus werden Früchte, beispielsweise Zwetschen oder Aprikosen, mit relativ wenig oder ganz ohne Zucker so lange eingekocht, bis die gesamte Flüssigkeit verdampft ist. Fruchtpasten erhält man, wenn Früchte, beispielsweise Quitten oder Äpfel, zu Fruchtmark oder -mus gekocht werden, das dann mit der gleichen Menge Zucker dick eingekocht und – auf Pergamentpapier ausgestrichen – getrocknet wird.

Die Methode des Einmachens

Zwei Faktoren bestimmen im Wesentlichen das Einmachen: die Verwendung von Zucker und die Hitze, d. h. das Kochen und das Heißeinfüllen des Einmachguts. Damit die Konfitüren, Marmeladen und Gelees lange haltbar sind, muss bei ihrer Herstellung Zucker verwendet werden, denn er bindet das in den Früchten enthaltene Wasser, so dass sich die verderbniserregenden Mikroorganismen (z. B. die Sporen von Schimmelpilzen) nicht mehr vermehren können. Während der Zucker neben der geschmacksverbes-

ZUCKER UND HITZE
Sie sorgen dafür, dass Konfitüren, Marmeladen und Gelees lange haltbar sind. Der Zucker wirkt konservierend, die Hitze zusätzlich sterilisierend.

19

sernden eine konservierende Wirkung hat, kommt dem Erhitzen eine sterilisierende Wirkung zu. Denn bei einer Temperatur von über 100 °C (sprudelndes Kochen) können selbst hitzeresistente Sporen abgetötet werden.

Beim modernen Einmachen wird daher die fertige, heiße Konfitüre bzw. die Marmelade oder das Gelee direkt nach dem Kochen in Twist-off-Gläser eingefüllt und verschlossen. Beim traditionellen Einkochen wird zusätzlich im heißen Wasserbad erhitzt. Dafür füllt man Konfitüren, Marmeladen und Gelees in Gläser mit Glasdeckel und Gummiring, versieht sie zusätzlich mit Federklammern und lässt sie 10 Minuten bei 90 °C im Einkochtopf »einkochen«.

Ganz wichtig!

Das traditionelle Einkochverfahren darf nur bei Konfitüren, Marmeladen und Gelees angewendet werden, die mit Einmachzucker, einem etwas gröberen Zucker, ohne Gelierhilfen und Konservierungsmittel zubereitet wurden. Erst durch das längere Kochen und zusätzliche Erhitzen werden sie haltbar. Mit Gelierzucker oder Geliermitteln hergestellte Produkte dürfen auf gar keinen Fall nach dem Einfüllen und Verschließen noch einmal im Wasserbad erhitzt werden. Denn der mit ihnen erreichte Geliereffekt würde dadurch zerstört werden.

Damit das Einmachen gelingt
Einkauf und Vorbereitung

● Ernten oder kaufen Sie immer nur so viele Früchte, wie Sie an einem Tag verarbeiten können.

● Verwenden Sie nur einwandfreie, frische oder tiefgekühlte Früchte, um optimalen Geschmack, appetitliche Farbe und längstmögliche Haltbarkeit zu erzielen.

● Berücksichtigen Sie die unterschiedliche Gelierfähigkeit der Früchte (siehe Seite 24).

● Achten Sie auf absolute Sauberkeit bei der Verarbeitung der Früchte und bei den Arbeitsgeräten. Schon kleinste Verunreinigungen können zum Verderb führen.

● Trocknen Sie gespülte Gläser nie ab, sondern lassen Sie sie auf einem Küchentuch abtropfen.

So gelingt es sicher

● Lassen Sie die Fruchtstückchen für Konfitüren mit dem Gelierzucker ein paar Stunden durchziehen, damit die Konfitüre besser geliert.

● Vermischen Sie den Gelierzucker immer mit dem kalten Fruchtpüree oder Fruchtsaft. Lassen Sie die Masse während des ganzen Einkochvorganges sprudelnd kochen.

● Bereiten Sie nie größere Mengen auf einmal zu. Dadurch verlängert sich die Kochzeit, und das Durchkochen ist nicht immer gewährleistet.

● Um ein optimales Ergebnis zu erzielen, sollten Sie sich bei den Früchten immer an die Mengenangaben des Rezepts bzw. der Packungsanweisung bei Gelierzucker oder Geliermittel halten. Die Angaben beziehen sich entweder auf die vorbereiteten Früchte, also verlesen, entstielt, entsteint etc., oder auf die ungeputzte Rohware. Diese Angaben variieren je nach Hersteller. Das gilt auch für die Zeitangaben. Denn Geliermittel können durch zu kurzes Kochen ihre Wirkung entweder nicht entfalten oder durch zu langes Kochen an Wirkung verlieren.

● Füllen Sie den Topf immer nur maximal bis zur Hälfte. Nur so kann genügend Flüssigkeit verdampfen und ein eventuelles Überkochen verhindert werden.

● Rühren Sie Beerenobst für Konfitüren möglichst nicht um, damit die Früchte ganz bleiben. Schwenken Sie stattdessen den Topf einfach hin und her, um das Festsetzen der Früchte zu vermeiden.

● Heben Sie den beim Kochen entstehenden Schaum, der Luft umschließt und damit eventuell Mikroorganismen enthält, vor dem Abfüllen mit einem Schaumlöffel sorgfältig ab. Am besten tauchen Sie den Schaumlöffel hierfür immer wieder in heißes Wasser.

Sachgerechtes Abfüllen und Lagern

● Füllen Sie die noch heißen Konfitüren, Marmeladen und Gelees direkt nach dem Kochen randvoll in die vorbereiteten Gläser. So bleibt möglichst wenig Luft im Glas. Dadurch wird der Bildung von Schimmelpilzen weitgehend entgegengewirkt.

MENGEN-ANGABEN

Bei den Früchten sollte man sich immer an die Mengenangaben des Rezeptes bzw. an den Herstellerhinweis von Gelierzucker oder Geliermittel halten. Je nach Hersteller variieren nämlich die Mengenverhältnisse von Früchten und Zucker etwas.

● Stellen Sie die Gläser vor dem Einfüllen auf ein nasswarmes Küchentuch, damit sie nicht springen.

● Bewahren Sie die Gläser an einem kühlen, dunklen Ort auf, dann kommt es nur zu minimalen Farbveränderungen.

● Vermerken Sie auf den Einmachetiketten die Fruchtart, Konfitüre, Marmelade oder Gelee und das Datum. Sind spezielle Zutaten verwendet worden, sollte dies ebenfalls auf dem Etikett vermerkt sein.

Haltbarkeit

● Konfitüren, Marmeladen und Gelees, die mit einem Frucht-Zucker-Verhältnis von 1:1 hergestellt wurden, sind in der Regel ein Jahr lang haltbar. Sollte sich auf ihnen Schimmel bilden, genügt es, wenn Sie die oberste Schicht großzügig entfernen. Mit weniger Zucker oder mit Diabetikerzucker zubereitete Früchte hingegen sind bei Schimmelbefall nicht mehr zum Verzehr geeignet.

Die Gelierprobe

Mit der Gelierprobe kann man feststellen, ob die kochende Fruchtmasse bereits so eingedickt ist, dass sie nach dem Erkalten die entsprechende Festigkeit hat. Dafür gibt man einen kleinen Klecks Konfitüre, Marmelade oder Gelee auf einen kalt abgespülten Teller. Wenn er nach kurzer Abkühlzeit erstarrt und sich kein Wasser um ihn bildet, kann das Einmachgut in die vorbereiteten Gläser gefüllt werden.

AUFBEWAHREN
Gläser mit Konfitüre, Marmelade oder Gelee, die geöffnet worden sind, müssen im Kühlschrank aufbewahrt werden, damit sich kein Schimmel bilden kann.

● Einmal geöffnete Gläser sollten Sie auf jeden Fall im Kühlschrank aufbewahren.

● Verwenden Sie zum Entnehmen immer einen sauberen Löffel und achten Sie darauf, dass der Verschlussrand nicht mit Konfitüre bekleckert wird.

Die Arbeitsgeräte

Für die Zubereitung von Konfitüren, Marmeladen und Gelees müssen Sie sich keine speziellen Töpfe und Ähnliches anschaffen. Die meisten der hier aufgelisteten Arbeitsgeräte finden sich in jeder Küche.

● Eine Küchenwaage für das exakte Abwiegen der Früchte und des Zuckers.

● Ein Stabmixer zum Zerkleinern der Früchte.

● Verschiedene Töpfe, nicht zu hoch, mit einem großen Durchmesser und möglichst aus Edelstahl zum Erhitzen der Früchte. Sie müssen wie alle Arbeitsgeräte vor dem Verwenden gründlich gereinigt und mit heißem Wasser ausgespült werden.

● Kochlöffel, Schaumlöffel, Schöpfkellen und Einfülltrichter zum Umrühren und Einfüllen.

● Kleine Gläser mit Twist-off-Deckeln zum Einfüllen. Sie verhindern, dass Konfitüren, Marmeladen und Gelees beim Aufbewahren austrocknen.

● Einmachetiketten zum Beschriften.

● Einmachcellophan zum Verschließen von Konfitüren-, Marmeladen- und Geleegläsern, falls keine Twist-off-Gläser vorhanden sind. Allerdings bietet Einmachcellophan langfristig keinen ausreichenden Schutz vor Schimmelbefall und dem Austrocknen, da mit ihm nicht 100%ig luftdicht verschlossen werden kann. Bei der Verwendung von Cellophan wird am besten noch zusätzlich ein in hochprozentigen Alkohol getauchtes Cellophanblättchen auf die Konfitüre, Marmelade oder das Gelee gelegt.

KÜCHENGERÄTE

Man kann sich die Arbeit erleichtern, wenn man vor dem Einmachen alle Utensilien bereitstellt. Denken Sie daran, die Töpfe und Gläser gründlich zu reinigen und mit heißem Wasser auszuspülen.

Welche Früchte sind geeignet?

Prinzipiell eignen sich alle Früchte und Wildfrüchte zur Herstellung von Konfitüren, Marmeladen und Gelees. Zu beachten ist der unterschiedliche Pektingehalt von Obst und Beeren. Einige Früchte enthalten nämlich mehr Pektin und Fruchtsäuren als andere und gelieren deshalb schneller. Denn das Enzym Pektin bewirkt in Verbindung mit Zucker und Fruchtsäure das Festwerden von Konfitüren, Marmeladen und Gelees. Als Faustregel gilt: Je pektinreicher die Früchte sind, desto kürzer ist die Kochzeit der Fruchtmasse. Wenn Sie Konfitüren nach der traditionellen Methode nur mit Einmachzucker zubereiten möchten, sollten Sie pektinarme Früchte mit pektinreichen kombinieren. Oder unter vollreifes Obst einen entsprechenden Anteil an unreifen Früchten mischen, damit die Konfitüre auch wirklich geliert – nicht jede Konfitüre muss so stichfest sein wie die im Supermarkt erhältliche. Eine gewisse Geschmeidigkeit beim Aufs-Brot-Streichen schätzten bereits unsere Großmütter. Allerdings gehen durch die längere Kochzeit mehr Vitamine verloren und Farbe und Aroma werden beeinträchtigt. Diese Zubereitungsmethode ist zu empfehlen, wenn Konfitüren einen karamellartigen Geschmack erhalten sollen. Die Kochzeit lässt sich verkürzen, wenn nur kleine Mengen zubereitet und Töpfe mit einem großen Durchmesser verwendet werden. Dadurch verdampft nämlich die sich bildende Flüssigkeit schneller.

Der Pektin- und Säuregehalt

● **Besonders pektin- und säurereich sind:**
Unreife Äpfel, Brombeeren, rote Johannisbeeren, nicht zu reife Quitten, Stachelbeeren, Rhabarber und Zitrusfrüchte.
● **Einen mittleren Pektin- und Säuregehalt haben:**
Aprikosen, Himbeeren, schwarze Johannisbeeren, Mirabellen, Nektarinen, Pfirsiche, Pflaumen, Reineclauden und Zwetschen.
● **Einen geringen Pektin- und Säuregehalt haben:**
Ananas, Birnen, Erdbeeren, Holunder, Kirschen, Kürbis und Weintrauben.
Grundsätzlich sind unreife Früchte pektinreicher als reife.

Die richtige Einschätzung der Mengenangaben

Die meisten Früchte müssen vor der Verwendung nicht nur gewaschen, sondern auch verlesen, entstielt, geschält oder entsteint werden. Dabei fallen unterschiedliche Mengen von Abfall an, die beim Einkauf berücksichtigt werden müssen. Die Abfallmenge beträgt normalerweise bis zu ca. 10 Prozent. Bei einigen Früchten jedoch muss mit mehr als 10 Prozent Abfall gerechnet werden. An der Spitze steht die Ananas, bei der ca. 50 Prozent Abfall einkalkuliert werden müssen. Bananen und Zitrusfrüchte bringen es noch auf ca. 30 Prozent, die abgerechnet werden müssen, Kernobst, Kastanien und Melonen auf ca. 20 Prozent. Vergewissern Sie sich also vor dem Einkauf, welche Mengenangaben im Rezept gemeint sind. Bevor Sie sich ans Werk machen, sollten Sie zudem den Herstellerhinweis von Gelierzucker und Gelierhilfen genau studieren. Je nach Hersteller und Produkt werden die Früchte roh, also ungeputzt, oder bereits verlesen, entstielt, geschält, entsteint etc. gewogen. Und dies ist entscheidend für die spätere Konsistenz von Konfitüren, Marmeladen und Gelees.

Erntefrisches Obst und Gemüse

Selbst gezogenes Obst und Gemüse aus dem eigenen Garten werden Sie sicher allen anderen Möglichkeiten vorziehen. Sie können frisch ernten und das Geerntete sofort verarbeiten – eine vorzügliche Voraussetzung für hervorragende Einmachergebnisse.

Auch ohne einen eigenen Garten müssen Sie natürlich nicht auf Eingemachtes verzichten. Denn das ganze Jahr über finden Sie Obst und Gemüse von vorzüglicher Qualität und Frische auf dem Markt. Verwenden Sie zum Einmachen nur vollreifes (aber auf keinen Fall überreifes, fauliges) Obst und Gemüse und wählen Sie es der Jahreszeit entsprechend aus. Beim Einkauf sollten Sie Ihre Aufmerksamkeit vor allem auf die Güte und Schmackhaftigkeit der landwirtschaftlichen Ausgangsprodukte legen. Dann können Sie sicher sein, dass Ihnen Konfitüren, Marmeladen, Gelees oder was Sie sonst einmachen möchten auch ausgezeichnet gelingen.

GELIERHILFEN

Da es ganz unterschiedliche Gelierzucker und -mittel gibt, sollte die Packungsanweisung genau studiert werden. Für Diabetiker gibt es z. B. einen speziellen Diät-Gelierfruchtzucker. Er ist auch zur Herstellung kalorienreduzierter Konfitüren geeignet.

Konfitüren

Sie werden aus einer oder mehreren Obstsorten zubereitet. Man zerkleinert oder zerdrückt die Früchte, vermischt den Fruchtbrei mit dem Gelierzucker und lässt die Fruchtmasse nach Packungsanweisung sprudelnd kochen. Anschließend wird die heiße Konfitüre in Gläser eingefüllt, die sofort mit Twist-off-Deckeln verschlossen werden.

Grundrezept für Konfitüren

1 kg Früchte
1 kg Gelierzucker

1 Die Früchte waschen und zerkleinern.
2 Die Früchte mit dem Gelierzucker im Topf vermischen.
3 Die Früchte mit dem Saft, der sich gebildet hat, zum Kochen bringen und 5 Minuten sprudelnd kochen lassen.
4 Die Konfitüre mit einem Einfülltrichter sofort in Gläser füllen und luftdicht verschließen.

RHABARBER-ORANGEN-KONFITÜRE

GLÄSER
Standardmäßig beinhalten große Einmachgläser 0,5 l und kleine Gläser 0,2 l. Für Großfamilien gibt es natürlich auch Gläser mit 1 l Inhalt.

Zutaten für 2 Gläser à 0,5 l

500 g Rhabarber
3 Orangen
500 g Gelierzucker

Zubereitung
1 Den Rhabarber waschen, eventuell vorhandene Fäden ziehen. Schneiden Sie dann die Stangen in 2 bis 3 cm lange Stücke.
2 Die Orangen schälen. und die pelzige weiße Haut sorgfältig entfernen. Dann die Filets aus den Trennwänden lösen und den Saft auffangen.

3 Die Rhabarberstücke mit den Orangenfilets, dem Orangensaft und dem Gelierzucker vermischen und anschließend 1 bis 2 Stunden ziehen lassen.
4 Die Fruchtmasse zum Kochen bringen und 5 Minuten lang sprudelnd kochen lassen.
5 Die Konfitüre sofort in Gläser füllen, luftdicht verschließen und auf den Kopf stellen, um eine gute Durchmischung der Fruchtstückchen zu erreichen.

1 Passieren Sie die Früchte nach dem Waschen durch ein Sieb in einen Topf.

2 Vermischen Sie die Früchte im Topf mit dem
Gelierzucker.

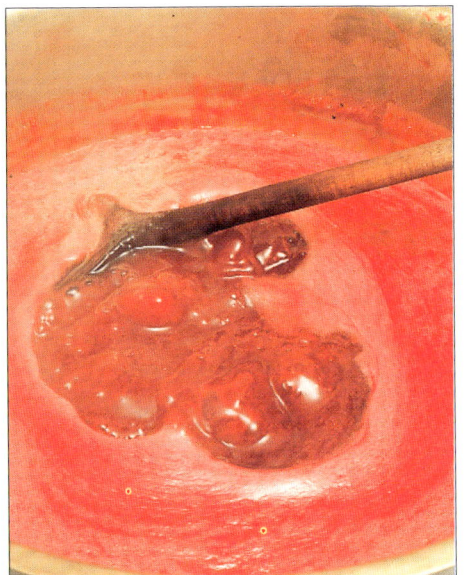

3 Lassen Sie die Früchte fünf Minuten sprudelnd kochen.

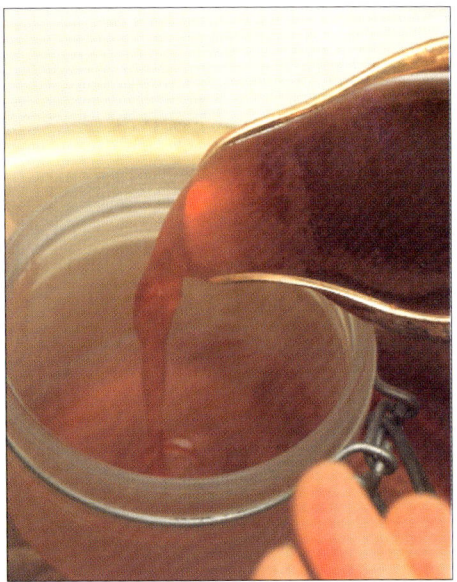

4 Füllen Sie die Konfitüre sofort in Gläser
und verschließen Sie diese luftdicht.

BERBERITZEN-BIRNEN-KONFITÜRE

BERBERITZEN
schmecken relativ
sauer. Man findet sie
an Waldrändern und
in Gebüschen.

Zutaten für 4 Gläser à 0,5 l

400 g reife Berberitzen
(nach dem ersten Frost gepflückt)

800 g aromatische Birnen

600 g Gelierzucker

Zubereitung

1 Die Berberitzen entstielen, waschen und mit 1/8 l Wasser ca. 5 Minuten erhitzen. Mit einem Stabmixer pürieren und durch ein feines Sieb streichen.

2 Die Birnen waschen und schälen. Anschließend halbieren, entkernen und in kleine Würfel schneiden. Die Fruchtstückchen mit dem Gelierzucker und dem Fruchtmus vermischen.

3 1/8 l Wasser hinzufügen und die Berberitzen-Birnen-Mischung zum Kochen bringen. 5 Minuten sprudelnd kochen lassen. Die noch heiße Konfitüre sofort in gut vorbereitete Gläser füllen und luftdicht verschließen. Nach dem Abkühlen kühl und dunkel lagern.

Tip

Reife Berberitzen, die vor dem ersten Frost gepflückt wurden, waschen, auf einem Tablett ausbreiten und über Nacht in die Tiefkühltruhe legen. Das ersetzt den natürlichen Frost, der die Beeren genießbar macht.

HOLUNDERKONFITÜRE

Zutaten für 2 Gläser à 0,5 l

500 g ganz reife Holunderbeeren

Gelierzucker siehe Rezept Punkt 2

Zubereitung

1 Die Holunderbeeren entstielen und sorgfältig waschen. Anschließend zusammen mit 0,1 l Wasser ca. 10 Minuten bei geringer Hitzezufuhr köcheln lassen. Dann die weich gewordenen Beeren sorgfältig durch ein feines Sieb streichen.

2 Das Holundermark wiegen und mit Gelierzucker im Verhältnis 1:1 vermischen. Die Fruchtmasse zum Kochen bringen. 5 Minuten sprudelnd kochen lassen.

3 Die heiße Konfitüre sofort in Gläser füllen und diese luftdicht verschließen.

Tip

Die fertige Konfitüre noch mit einem Schuss Holundersirup verfeinern.

HOLUNDER-ZWETSCHEN-KONFITÜRE

Zutaten für 3 Gläser à 0,5 l

400 g ganz reife Holunderbeeren

800 g Zwetschen

Gelierzucker siehe Rezept Punkt 3

Zubereitung

1 Die Holunderbeeren entstielen, waschen und mit 0,1 l Wasser ca. 10 Minuten bei geringer Hitze köcheln lassen. Dann die Beeren durch ein feines Sieb streichen.

2 Die Zwetschen waschen, entsteinen und in kleine Stücke schneiden. Danach die Zwetschen mit dem Holundermark vermischen und die Masse wiegen.

3 Im Verhältnis 2:1 Gelierzucker hinzufügen und untermischen. Die Fruchtmasse zum Kochen bringen. 5 Minuten sprudelnd kochen lassen.

4 Die Konfitüre sofort in Gläser füllen und luftdicht verschließen.

Tip

Holunderbeeren haben einen herben süß-säuerlichen Geschmack. Durch den hohen Pektingehalt der Zwetschen reicht zum Gelieren der Konfitüre ein Frucht-Zucker-Verhältnis von 2:1.

HOLUNDER-BEEREN

Roh sollte man sie nicht verzehren, da sie Übelkeit und Erbrechen verursachen können.

KÜRBISKONFITÜRE

Zutaten für 2 Gläser à 0,5 l

500 g Kürbisfleisch
(vorbereitet gewogen)

500 g Gelierzucker

gemahlener Ingwer

Saft von 1/2 unbehandelten Zitrone

Zubereitung

1 Einen reifen ganzen Kürbis halbieren oder ein Stück von einem großen Kürbis verwenden. Schälen, die Kerne mitsamt dem weichen Innenteil mit einem Esslöffel herausschaben. Allzu weiche Teile besser entfernen. 500 g Fruchtfleisch abwiegen und in kleine Würfel schneiden.

2 Das Kürbisfleisch mit dem Gelierzucker, 1 Messerspitze Ingwer und dem Zitronensaft vermischen. Anschließend etwa 1 bis 2 Stunden ziehen lassen.

3 Die Fruchtmasse bei geringer Hitze ca. 15 Minuten erhitzen. Anschließend zum Kochen bringen und 5 Minuten sprudelnd kochen lassen.

4 Die Konfitüre sofort in Gläser füllen und luftdicht verschließen.

29

GRÜNE-TOMATEN-KONFITÜRE

Zutaten für 2 Gläser à 0,5 l

500 g grüne Tomaten
500 g Gelierzucker
gemahlener Ingwer
Saft von 1/2 unbehandelten Zitrone

Zubereitung

1 Von den Tomaten den Stängelansatz herausschneiden. Dann die Früchte 30 Sekunden in kochendem Wasser blanchieren und anschließend in Eiswasser abschrecken. Die Tomaten häuten und in kleine Würfelchen schneiden.

2 Die Tomaten mit dem Gelierzucker, 1 Messerspitze Ingwer und dem Zitronensaft vermischen. Die Fruchtmasse zum Kochen bringen und 5 Minuten sprudelnd kochen lassen.

3 Die heiße Konfitüre sofort in Gläser füllen und luftdicht verschließen.

VEILCHENKONFITÜRE

VEILCHEN
Frisch gepflückte Gartenveilchen haben eine besonders schöne Farbe und duften ganz intensiv.

Zutaten für 2 Gläser à 0,5 l

200 g Veilchenblätter
200 g Äpfel
600 g Gelierzucker

Zubereitung

1 Die Veilchenblätter waschen, in Streifen schneiden und mit 0,2 l Wasser überbrühen.

2 Die Äpfel schälen, vierteln, entkernen und blättrig schneiden.

3 Die Veilchenblätter zusammen mit dem Überbrühwasser, den Apfelblättchen und dem Gelierzucker gut vermischen. Die Masse sodann zum Kochen bringen und 5 Minuten sprudelnd kochen lassen.

4 Die Konfitüre sofort in Gläser füllen und luftdicht verschließen.

Tip:
Die Veilchenblätter durch die entsprechende Menge ungespritzter Rosenblätter ersetzen.

Konfitüren mit Fruchtstückchen

Ganze oder grob zerkleinerte vorbereitete Früchte werden mit Gelierzucker vermischt. Dann lässt man sie ein paar Stunden durchziehen. Anschließend werden die Früchte nach Packungsanweisung sprudelnd gekocht, heiß in die vorbereiteten Gläser gefüllt und luftdicht verschlossen. Damit sich die Fruchtstücke gleichmäßig in der Konfitüre verteilen, auf dem Kopf stehend erkalten lassen.

Grundrezept für Konfitüren mit Fruchtstückchen

1 kg Früchte
1 kg Gelierzucker

1 Die Früchte waschen, ganz lassen oder grob zerkleinern.
2 Die Früchte mit dem Gelierzucker bestreuen und 1 bis 2 Stunden ziehen lassen. Es bildet sich reichlich Saft.
3 Die Früchte mit dem Saft zum Kochen bringen und 5 Minuten sprudelnd kochen lassen.
4 Die Konfitüre mit einem Einfülltrichter sofort in Gläser füllen und luftdicht verschließen.
5 Damit sich die Fruchtstückchen besser verteilen, die verschlossenen Gläser auf den Kopf drehen.

VERFEINERN
Jede Konfitüre lässt sich noch mit einem Schuss Obstler oder Obstlikör gut verfeinern.

APRIKOSENMUS

Zutaten für 2 Gläser à 0,5 l

1 kg Aprikosen
300 g Einmachzucker
ausgekratztes Mark von 1 Vanilleschote

Zubereitung
1 Die Aprikosen waschen, halbieren, entkernen und in kleine Stücke schneiden.
2 Aprikosen mit dem Gelierzucker bestreuen und bis zu 2 Stunden ziehen lassen.
3 Die gezuckerten Früchte zum Kochen bringen und 5 Minuten lang sprudelnd kochen lassen.
4 Die Konfitüre sofort in Gläser füllen und luftdicht verschließen.
5 Damit sich die Fruchtstückchen besser verteilen, die verschlossenen Gläser auf den Kopf stellen.

31

ERDBEERKONFITÜRE

ERDBEEREN

Am frischesten und aromatischsten sind Erdbeeren aus dem eigenen Garten oder von der Erdbeerplantage.

Zutaten für 2 Gläser à 0,5 l

1 kg Erdbeeren
1 kg Gelierzucker

Zubereitung

1 Die Erdbeeren gründlich waschen, die grünen Kelchblätter entfernen und die Früchte je nach Größe entweder halbieren oder vierteln. Mit dem Gelierzucker vermischen und anschließend 1 bis 2 Stunden ziehen lassen.

2 Die Erdbeeren mitsamt dem Saft und dem Zucker unter Rühren zum Kochen bringen. 5 Minuten sprudelnd kochen lassen.

3 Die Konfitüre sofort in Gläser füllen und luftdicht verschließen.

Tip

Kurz vor dem Ende der Kochzeit noch 5 cl Orangenlikör unterrühren.

MIRABELLENKONFITÜRE

Zutaten für 2 Gläser à 0,5 l

500 g Mirabellen
500 g Gelierzucker
Saft von 1/2 unbehandelten Zitrone

Zubereitung

1 Die Mirabellen waschen, entsteinen und halbieren. Dann die Früchte mit dem Gelierzucker und dem Zitronensaft vermischen. Anschließend 1 bis 2 Stunden ziehen lassen.

2 Die Früchte zum Kochen bringen und 5 Minuten sprudelnd kochen lassen.

3 Die Konfitüre sofort in Gläser füllen, luftdicht verschließen und auf den Kopf stellen, um eine gute Durchmischung zu erreichen.

Tip

Auf diese Weise können nach Wunsch auch andere Obstsorten verarbeitet werden. Himbeer-, Brombeer-, Kirsch-, Pflaumen- und Stachelbeerkonfitüre lässt sich so hervorragend zubereiten. Die Früchte müssen dafür entsprechend vorbereitet werden. Also Kirschen, Zwetschen und Pflaumen waschen, entsteinen und je nach Größe entweder halbieren oder vierteln. Beerenobst einfach nur kurz überbrausen und gut abtropfen lassen. Stachelbeeren wegen ihrer dicken Schale eventuell mit einem Messer etwas einritzen.

Konfitüren für Diabetiker

Diabetikerkonfitüren können nach dem folgenden Rezept auch aus Himbeeren, Johannisbeeren, Quitten, Äpfeln und Zwetschen zubereitet werden. Die einzelnen Obstsorten können auch sehr gut untereinander gemischt werden.

ERDBEERKONFITÜRE

Zutaten für 4 Gläser à 0,5 l

500 g Erdbeeren
500 g Diabetikerzucker
Saft von 1/2 Zitrone
4 Blatt helle Gelatine

Zubereitung

1 Die Gelatine nach Vorschrift einweichen und quellen lassen.

2 Die Erdbeeren waschen, die Kelchblätter entfernen und die Früchte zerdrücken.

3 Den Fruchtbrei mit dem Diabetikerzucker und dem Zitronensaft vermischen. Die Masse zum Kochen bringen und 5 Minuten sprudelnd kochen lassen.

4 Die Gelatine ausdrücken und zuletzt unterrühren.

5 Die Konfitüre sofort in Gläser füllen und luftdicht verschließen.

Tip

Anstelle von Gelatine 5 g Agar Agar in wenig Flüssigkeit quellen lassen, unter die kochende Konfitüre rühren.

Roh gerührte Konfitüren

Sie unterscheiden sich von den konventionell zubereiteten Konfitüren durch ihr intensives Aroma und den vollfruchtigen Geschmack. Roh gerührte Konfitüren sollte man nur aus kleinen Fruchtmengen – maximal von einem Pfund Obst – zubereiten. Am einfachsten ist ihre Zubereitung im elektrischen Mixgerät. Die vorbereiteten Früchte werden grob zerkleinert. Nach und nach lässt man dann den Gelierzucker einrieseln. Die Fruchtmasse muss ca. 10 Minuten gerührt werden. Anschließend wird sie in die vorbereiteten Gläser gefüllt, die fest verschlossen werden. Mit Gelierzucker zubereitet ist roh gerührte Konfitüre 2 bis 3 Monate haltbar, mit Haushaltszucker hergestellt nur 2 bis 3 Wochen. Roh gerührte Konfitüren mit Haushaltszucker müssen zudem im Kühlschrank aufbewahrt werden.

DIABETIKER-KONFITÜREN
Ihre Zubereitung ist genauso unkompliziert wie die normaler Konfitüren. Anstelle von Gelierzucker wird Diabetikerzucker und Gelatine oder Agar Agar verwendet.

HIMBEERKONFITÜRE

Zutaten für 2 Gläser à 0,5 l

500 g reife, aromatische Himbeeren

500 g Gelierzucker

Zubereitung

1 Die Himbeeren säubern, möglichst nicht waschen. Falls nötig, auf Küchenkrepp gut abtropfen lassen.
2 Die Früchte mit dem Handrührgerät pürieren. Den Gelierzucker langsam einrieseln lassen. Die Konfitüre auf höchster Mixerstufe ca. 20 Minuten rühren, bis sie dicklich wird.
3 In Gläser füllen und gut verschließen.

Tip
Auch anderes Beerenobst und reife Pfirsiche lassen sich so zu roh gerührter Konfitüre verarbeiten.

PFLAUMENKONFITÜRE

Zutaten für 2 Gläser à 0,5 l

500 g reife Pflaumen

500 g Gelierzucker

gemahlener Zimt

5 cl Zwetschenwasser

Zubereitung

1 Die Pflaumen waschen und trockentupfen. Dann halbieren, entkernen und in Stücke schneiden.

2 Die Früchte mit dem Handrührgerät oder im Mixer mit dem Gelierzucker pürieren und zu einer dicklichen Konfitüre rühren (siehe Himbeerkonfitüre).
3 Zuletzt 1 Messerspitze Zimt und das Zwetschenwasser unterrühren.
4 Die Konfitüre in Gläser füllen und gut verschließen.

PREISELBEERKONFITÜRE

Zutaten für 2 Gläser à 0,5 l

500 g Preiselbeeren

500 g Gelierzucker

Zubereitung

1 Die Preiselbeeren verlesen, waschen und auf Küchenkrepp abtropfen lassen.

2 Die Früchte mit dem Handrührgerät oder im Mixer zusammen mit dem Gelierzucker pürieren und anschließend zu einer dicklichen Konfitüre rühren.
3 In Gläser füllen und gut verschließen.

Marmeladen

Laut unserem Lebensmittelrecht dürfen Marmeladen in erster Linie nur aus Zitrusfrüchten wie Orangen, Pomeranzen, Grapefruits und Zitronen zubereitet werden. Als Arbeitsgerät benötigt man für die Zubereitung zusätzlich ein scharfes Messer zum Abschälen der Schale und einen Zestenreißer. Wichtigster Arbeitsschritt ist das Waschen der Früchte. Orangen, Grapefruits und Zitronen müssen unter heißem Wasser gründlich abgebürstet werden. Selbstverständlich sollte man nur unbehandelte Früchte kaufen, da die Schale mitgekocht wird. Dann wird das Obst je nach Rezept vorbereitet. Traditionell wird jeder Teil der Frucht verwendet. Der Saft wird für Sirup oder Gelee benötigt. Die pelzige weiße Haut liefert Pektin und sorgt wie die Schale für den typisch bitteren Geschmack.

ZITRONENMARMELADE

Zutaten für 2 Gläser à 0,5 l

3 unbehandelte Zitronen
0,5 l Wasser
500 g Gelierzucker
5 cl Zitronenlikör

1 Die Zitronen waschen und mit der Schale in dünne Stücke schneiden. Die Kerne entfernen.
2 Zitronenstücke mit dem Wasser übergießen und mehrere Stunden ziehen lassen.
3 Die Zitronenstücke mitsamt der Flüssigkeit einmal aufkochen und 10 Minuten ziehen lassen. Dann den Gelierzucker hinzufügen, die Masse nochmals aufkochen und 5 Minuten sprudelnd kochen lassen. Zuletzt den Zitronenlikör unterrühren.
4 Die Marmelade in vorbereitete Gläser füllen und luftdicht verschließen.

Tip
Eine Variante ist die Orangenmarmelade bitter. Anstelle der Zitronen 3 unbehandelte Orangen waschen, schneiden und 15 Minuten köcheln lassen. Anschließend pürieren und den Gelierzucker unterrühren. Die Masse zum Kochen bringen und 5 Minuten sprudelnd kochen. Unter die fertige Marmelade noch 5 cl Orangenlikör unterrühren.

ZITRONEN
sind nicht ganz so saftreich wie die grünen, dünnschaligen Limetten, die bei uns nur in der sauren Variante erhältlich sind.

GRAPEFRUIT-ANANAS-MARMELADE

Zutaten für 4 Gläser à 0,5 l

500 g unbehandelte Grapefruits
(geschält gewogen)

500 g Ananas
(vorbereitet gewogen)

1 kg Gelierzucker

Zubereitung

1 Die Grapefruits vierteln, in dünne Scheiben schneiden, den Saft auffangen.

2 Die Ananas schälen. Die »Augen« entfernen und den harten, holzigen Strunk herausschneiden, dann in dünne Stückchen schneiden.

3 Die Grapefruitscheiben mit dem aufgefangenen Saft, den Ananasstückchen und dem Gelierzucker vermischen. 5 Minuten sprudelnd kochen lassen.

4 Sofort in Gläser füllen und luftdicht verschließen.

GRAPEFRUITS
Rosafarbene Grapefruits sind milder im Geschmack und saftreicher als die dickschaligen gelben Varianten.

Gelees

Gelees werden aus ungesüßten Fruchtsäften zubereitet. Pektinreiche Früchte wie Äpfel, Quitten, Johannis- und Stachelbeeren werden traditionell entsaftet oder dampfentsaftet. Pektinärmere Früchte wie Himbeeren, Erdbeeren und Kirschen kann man auch roh in der elektrischen Saftzentrifuge entsaften (siehe Entsaften, Seite 73). Der Saft wird mit Gelierzucker sprudelnd gekocht. Anschließend füllt man das heiße Gelee in die vorbereiteten Gläser, verschließt sie mit Twist-off-Deckeln und lagert sie kühl und dunkel.

Grundrezept für Gelee

1 l Fruchtsaft
1 kg Gelierzucker

1 Den Fruchtsaft nach der traditionellen Methode oder im Dampfentsafter zubereiten (siehe Seite 73).

2 Den Fruchtsaft mit dem Zucker im Topf vermischen.

3 Den Fruchtsaft zum Kochen bringen und 5 Minuten sprudelnd kochen lassen.

4 Das Gelee mit einem Einfülltrichter sofort in Gläser füllen und luftdicht verschließen.

JOHANNISBEERGELEE

Zutaten für 4 Gläser à 0,5 l

1 l Johannisbeersaft
1 kg Gelierzucker

Zubereitung

1 Den Johannisbeersaft nach der traditionellen Methode oder im Dampfentsafter zubereiten und abmessen (siehe Seite 73).

2 Den Saft mit dem Gelierzucker erhitzen und anschließend 5 Minuten sprudelnd kochen lassen.

3 Das Gelee sofort in Gläser füllen und luftdicht verschließen.

Tip

Für dieses Gelee eignet sich sowohl roter als auch schwarzer Johannisbeersaft.

Klares Gelee

Damit das Gelee schön klar wird, dürfen die Früchte bei der traditionellen Saftgewinnung nicht durch das Tuch gepresst (Äpfel) oder zerdrückt (Johannisbeeren) werden (siehe Seite 73).

APFELGELEE MIT MINZEBLÄTTCHEN

Für 4 Gläser à 0,5 l

1 l Apfelsaft
1 kg Gelierzucker
Saft von 1 Zitrone
Minzeblättchen

Zubereitung

1 Den Apfelsaft nach traditioneller Methode oder im Dampfentsafter zubereiten und abmessen (siehe Seite 73).

2 Den Saft mit dem Gelierzucker und dem Zitronensaft erhitzen und 5 Minuten sprudelnd kochen lassen.

3 Zuletzt noch ganz kleine oder in Streifen geschnittene Minzeblättchen unterrühren.

4 Das Gelee sofort in Gläser füllen und luftdicht verschließen.

Tip

Versuchen Sie auch Birnen- oder Pflaumengelee nach diesem Rezept. Ersetzen Sie dann die Minzeblättchen durch Zitronenmelisse oder rühren Sie ganz am Schluss 5 cl Zwetschenbrand unter.

MINZE-BLÄTTCHEN verleihen auch Gelees aus Himbeeren und Erdbeeren einen intensiven Geschmack.

VOGELBEERENGELEE MIT GENEVER

Zutaten für 4 Gläser à 0,5 l

1 l Vogelbeerensaft (Eberesche)
1 kg Gelierzucker
5 cl Genever (Wacholderbranntwein)

VOGELBEEREN
Wild wachsende Vogelbeeren haben einen sehr herben bis bitteren Geschmack. Veredelte schmecken angenehm säuerlich.

Zubereitung

1 Die Vogelbeeren entweder erst nach dem ersten Frost pflücken oder die gewaschenen reifen Beeren auf einem Tablett ausgebreitet über Nacht in die Tiefkühltruhe legen.

2 Den Vogelbeersaft nach der traditionellen Methode oder im Dampfentsafter zubereiten und abmessen.

3 Den Saft mit dem Gelierzucker erhitzen und 5 Minuten sprudelnd kochen.

4 Zuletzt den Genever unterrühren.

5 Das Gelee sofort in Gläser füllen und luftdicht verschließen.

Tip

Vogelbeerengelee ist eine ideale Beilage zu Wildpasteten, Geflügelterrinen und Entenbraten. Vogelbeersaft mit Zucker vermischt und mit Sekt oder Champagner aufgegossen wird zum erfrischenden Aperitif.

ZITRONENGELEE

Zutaten für 4 Gläser à 0,5 l

10 unbehandelte Zitronen
1 kg Gelierzucker
5 cl Zitronenlikör

Zubereitung

1 Die Zitronen heiß abwaschen. Mit einem Zestenreißer dünne Streifen von den Schalen abziehen, dabei darauf achten, dass keine bittere weiße Haut mit abgezogen wird.

2 Dann die Früchte in der elektrischen Zitruspresse entsaften. Den Zitronensaft mit Wasser auf 0,75 l Flüssigkeit auffüllen.

3 Den Saft mit ein paar Zitronenzesten und dem Gelierzucker erhitzen. 5 Minuten sprudelnd kochen lassen. Zuletzt den Zitronenlikör unterrühren.

4 Das Gelee sofort in Gläser füllen und diese luftdicht verschließen.

Tip

Für Orangengelee den frisch gepressten Saft nicht mit Wasser verdünnen.

Fruchtmus

Durch langes Einkochen von Früchten entsteht Fruchtmus. Dafür wird wesentlich weniger Zucker benötigt als für die Konfitürenzubereitung. Der Fruchtsaft verdampft, und die Masse dickt ein. Fruchtmus wird immer mit Einmachzucker und Gewürzen wie Zimt oder Nelken hergestellt. Das Mus ist fertig, wenn die Masse beim Herausheben mit einem Rührlöffel in kompakten Klecksen wieder in den Topf zurückfällt.

KONTROLLE
Wenn sich beim Rühren des Muses sichtbare Streifen bilden, die nicht mehr sofort zusammenfließen, ist das Mus fertig.

BIRNENMUS

Zutaten für 2 Gläser à 0,5 l

1 kg Birnen
300 g Einmachzucker
Saft von 1 Zitrone
ausgekratztes Mark von 1 Vanilleschote

Zubereitung

1 Die Birnen waschen, vierteln, entkernen und in kleine Stücke schneiden.

2 Den Einmachzucker, den Zitronensaft, die Vanilleschote und das ausgekratzte Vanillemark unter die Früchte rühren. Einige Stunden durchziehen lassen.

3 Die Fruchtmasse bei starker Hitze und unter Rühren kochen, bis sich sichtbare Rührstreifen bilden. Die Vanilleschote herausnehmen.

4 Sofort in Gläser füllen und verschließen.

PFLAUMEN- ODER ZWETSCHENMUS

Zutaten für 2 Gläser à 0,5 l

1 kg Pflaumen oder Zwetschen
300 g Einmachzucker
1 Stange Zimt
ein paar Gewürznelken

Zubereitung

1 Die Pflaumen oder Zwetschen waschen, entsteinen und vierteln.

2 Einmachzucker, Zimtstange und Gewürznelken unter die Früchte rühren. Die Masse einige Stunden lang ziehen lassen.

3 Die Fruchtmasse bei starker Hitze und unter ständigem Rühren kochen, bis die Masse eindickt. Die Gewürze herausnehmen.

4 Das Mus sofort in Gläser füllen und verschließen.

Fruchtpasten

Fruchtpasten entstehen, wenn Fruchtmark oder -mus mit Zucker im Verhältnis 1:1 und je nach Geschmack mit Gewürzen dick einkocht werden. Das Einkochen sollte relativ rasch geschehen; zu langes Kochen führt zu einer bräunlichen Verfärbung der Fruchtmasse. Dann streicht man die Masse auf geöltes Pergamentpapier aus und lässt sie trocknen. Das dauert in der Regel 1 bis 2 Tage. Anschließend wird die Paste in beliebige Formen geschnitten und mit Hagelzucker bestreut. Damit sie richtig fest wird, lässt man sie einige Tage nachtrocknen. Fruchtpasten sollten möglichst in Dosen aufbewahrt werden.

BIRNENQUITTEN weisen mehr Aroma auf als Apfelquitten. Beide sind jedoch sehr pektinreich.

Quittenbrot

1 kg Quitten trocken abreiben. Blüten und Stiele entfernen. Die Früchte in Stücke schneiden. Mit wenig Wasser weich kochen. Durch ein Sieb streichen und wiegen. Die Masse sollte ca. 700 g wiegen. Mit der gleichen Menge Einmachzucker verrühren und zu einem dicken Mus kochen. Weiterverfahren wie bei Apfelpaste.

Grundrezept für Fruchtpasten

1 kg Früchte
Einmachzucker nach Rezept
Hagelzucker

1 Die Früchte waschen und zerkleinern. Mit wenig Wasser weich kochen.
2 Den Fruchtbrei durch ein Sieb streichen und wiegen.
3 Den Fruchtbrei mit der gleichen Menge Einmachzucker verrühren und zu einem dicken Mus kochen.
4 Das Fruchtmus auf geöltes Backpapier oder Pergamentpapier ca. 2 cm dick aufstreichen.
5 Bei Zimmertemperatur 1 bis 2 Tage trocknen lassen.
6 In beliebige Formen schneiden, in Hagelzucker wälzen.
7 Die Fruchtpastenstückchen noch einige Tage nachtrocknen lassen. Dann in Dosen aufbewahren.

HAGEBUTTENPASTE

Für ca. 700 g

1 kg Hagebutten	
500 g Einmachzucker	
Hagelzucker	

Zubereitung

1 Die Hagebutten von Blüten und Stielen befreien. Die Früchte längs aufschneiden und die Kerne mit einem kleinen Löffel herausschaben. Für diese Arbeit am besten Einweghandschuhe anziehen, damit die kleinen Härchen keinen Juckreiz verursachen .

2 Die Hagebutten waschen und mit Wasser bedeckt ca. 20 Minuten kochen. Die Früchte in einem Sieb abtropfen lassen, dabei die Flüssigkeit auffangen. Dann die Früchte durch ein Sieb streichen und mit etwas Kochflüssigkeit zu einem dicken Brei verrühren. Er sollte ca. 500 g wiegen.

3 Den Hagebuttenbrei mit dem Einmachzucker verrühren und zu einem dicken Mus kochen.

4 Das Mus auf geöltes Pergament- oder Backpapier ca. 2 cm dick aufstreichen. Bei Zimmertemperatur 1 bis 2 Tage trocknen lassen.

5 Die Hagebuttenpaste in beliebige Formen schneiden und in Hagelzucker wälzen. In Dosen aufbewahren.

APFELPASTE

Für ca. 1 kg

1 kg säuerliche Äpfel	
1/8 l Apfelsaft	
700 g Einmachzucker	
Saft von 2 Zitronen	
Hagelzucker	

Zubereitung

1 Die Äpfel waschen, vierteln, entkernen und in Stücke schneiden. Mit Apfel- und Zitronensaft weich kochen, durch ein Sieb streichen und die Masse wiegen. Sie sollte ca. 700 g wiegen.

2 Den Apfelbrei mit der gleichen Menge Einmachzucker verrühren und zu einem dicken Mus kochen.

3 Das Mus auf geöltes Pergament- oder Backpapier ca. 2 cm dick aufstreichen. Bei Zimmertemperatur 1 bis 2 Tage trocknen lassen.

4 In beliebige Formen schneiden und in Hagelzucker wälzen. In Dosen aufbewahren.

HAGEBUTTEN
schmecken süß-säuerlich und enthalten reichlich Vitamin C. Hagebutten immer vor dem ersten Frost pflücken.

Kandieren und Glasieren

mit Zuckersirup galt schon im Mittelalter als besonders delikate Methode, Früchte länger haltbar zu machen.

Kandierte und glasierte Früchte

Sowohl in den königlichen als auch in den bäuerlichen Küchen des Mittelalters verstand man es, kandierte und glasierte Früchte herzustellen. Diese Köstlichkeiten wurden zu speziellen Anlässen zum Naschen und als Dessert offeriert und waren das Konfekt jener Zeit. Obwohl es natürlich kandierte Früchte zu kaufen gibt, lohnt sich das Selbermachen, denn sie sind ein besonders feines, dekoratives Geschenk aus der eigenen Küche und bereichern jede Kaffeetafel. Darüber hinaus bieten sich kandierte Früchte auch zum Dekorieren von Kuchen und Kleingebäck an. Um den Früchten ein zuckriges Aussehen zu verleihen, kann man sie zusätzlich noch Kristallisieren, d. h. in Zucker wenden.

Die Methode des Kandierens und Glasierens

Das Kandieren ist ein Prozess, der sich über mehrere Tage erstreckt. Dabei werden die zu kandierenden Früchte in eine stark konzentrierte Zuckerlösung eingelegt. Diese Lösung muss mehrere Tage hintereinander jeweils wieder erneut eingekocht und über die Früchte gegossen werden. Dabei wird das Wasser in den Zellen der Früchte allmählich gegen Zucker ausgetauscht. Durch den niedrigen Wasser- und gleichzeitig den hohen Zuckergehalt wird den schädlichen Mikroorganismen die Lebensgrundlage entzogen. Kandierte Früchte sind, vorausgesetzt sie werden trocken gelagert, einige Monate lang haltbar.

Wesentlich einfacher und ganz rasch herzustellen sind glasierte Früchte. Denn beim Verfahren des Glasierens werden die Früchte nur kurz in Zuckersirup getaucht. Dadurch findet jedoch auch der Austausch von Zucker gegen Wasser nur oberflächlich statt. Glasierte Früchte besitzen aus diesem Grund nur eine ziemlich begrenzte Haltbarkeit von einigen Tagen.

KRISTALLISIEREN

Beim Kristallisieren werden die Früchte nach dem Kandieren in kochendes Wasser getaucht und anschließend in Kristallzucker gewendet.

Damit das Kandieren gelingt

● Verwenden Sie nur einwandfreie, frische Früchte.

● Früchte, die ganz kandiert werden, wie beispielsweise Weintrauben, müssen vor dem Kandieren eingestochen werden. Nur dann kann die Zuckerlösung eindringen.

● Kleine Früchte wie Kirschen müssen vor dem Kandieren entsteint werden.

● Kandieren Sie jede Fruchtsorte einzeln, damit der Eigengeschmack der Früchte erhalten bleibt.

● Bereiten Sie genügend Zuckersirup zu. Die Früchte müssen immer vollständig mit der Zuckerlösung bedeckt sein.

● Verwenden Sie ein Gemisch aus Haushalts- und Traubenzucker. Die Früchte, speziell Orangen-, Grapefruit- und Zitronenschalen, erhalten ein klareres Aussehen.

● Lassen Sie die Früchte auf einem Kuchengitter trocknen. Die Trockentemperatur sollte 50 °C nicht übersteigen.

● Die Früchte sind fertig, wenn sie nicht mehr kleben und schön glänzen.

● Wenn Sie die Früchte in Schachteln aufbewahren, legen Sie am besten jeweils ein Stück Butterbrot- oder Wachspapier zwischen die einzelnen Lagen, damit die Früchte nicht zusammenkleben.

● Wählen Sie zum Lagern einen kühlen, trockenen Ort.

● Verwenden Sie übrig gebliebenen Sirup zum Süßen von Obstsalaten.

Die Arbeitsgeräte

Das Kandieren ist zwar etwas zeitaufwendig, doch benötigen Sie dafür keine speziellen Töpfe oder Gerätschaften. Das Gleiche gilt auch fürs Glasieren und Kristallisieren. Was Sie benötigen, sind folgende Arbeitsgeräte:

● Eine Küchenwaage zum genauen Abwiegen der Früchte und des Zuckers.

● Töpfe und Schüsseln aus Edelstahl, die so groß sind, dass Sie auch ein Sieb hineinhängen können. Eventuell auch einen Topf mit Dampfeinsatz zum schonenden Garen der Früchte fürs Kandieren.

● Ein Sieb zum Hineinhängen der Früchte in die Zuckerlösung. Natürlich können Sie die Früchte zum Kandieren

KANDIEREN

Diese Konservierungsmethode ist sehr aufwendig, doch die Mühe lohnt sich. Wer kann schon mit so einem »Konfekt« als Geschenk glänzen?

auch in eine Edelstahlschüssel legen, mit dem Sirup übergießen und vor dem Einkochen des Zuckersirups mit einem Schaumlöffel herausheben.

● Span- oder Pappschachteln, Butterbrotpapier oder auch Wachspapier zum Aufbewahren der Früchte.

> ### Ganz wichtig!
>
> Gläser sind nur bedingt zum Aufbewahren von kandierten, kristallisierten und glasierten Früchten geeignet. Kandierte Früchte dürfen auf keinen Fall luftdicht verschlossen werden, da sie sonst schimmeln.

Welche Früchte sind geeignet?

Grundsätzlich sollte man zum Kandieren und Glasieren nur feste Früchte verwenden. Ideal sind Ananasstückchen, Aprikosenhälften, feste Erdbeeren mit Kelchblättern, Kirschen, Pfirsichspalten und Weintrauben. Beerenobst ist, mit Ausnahme von Erdbeeren, ungeeignet. Kandieren lassen sich auch die Schalen von Zitrusfrüchten wie Orangen, Grapefruits und Zitronen. Die Früchte müssen unbehandelt sein und vorher sorgfältig unter heißem Wasser abgebürstet werden.

Rosenblätter, Veilchen und Mimosen sowie Blätter von Kräutern, beispielsweise Minze- oder Melisseblättchen, lassen sich ebenfalls kandieren. Die Blättchen müssen behutsam kandiert werden, da sie sich leicht verformen. Kandierte Blätter sind eine attraktive Tortendekoration.

Kandierte Früchte

Die Früchte werden gewaschen und je nach Fruchtart entkernt, entsteint und entsprechend zerkleinert. Damit ein Austausch von Zuckerlösung und Fruchtsaft stattfinden kann, müssen ganze Früchte eingestochen werden. Die Früchte werden in die vorbereitete heiße Zuckerlösung gehängt oder damit begossen. Anschließend hebt oder nimmt man die Früchte mit einem Schaumlöffel heraus,

FESTE FRÜCHTE
Nur feste Früchte eignen sich zum Kandieren und Glasieren. So ist Beerenobst, mit Ausnahme von Erdbeeren, für diese Konservierungsmethode ungeeignet.

kocht die Zuckerlösung ein und bedeckt die Früchte erneut damit. Diesen Vorgang wiederholt man entsprechend oft. Zuletzt lässt man die Früchte trocknen.

Grundrezept für kandierte Früchte

1 l Wasser
1 kg Zucker
500 g Früchte

GLANZ
Die Früchte sind fertig, wenn sie nicht mehr kleben und schön glänzen. Danach kann man sie nach Wunsch kristallisieren.

1 Das Wasser mit dem Zucker so lange kochen, bis die Zuckerlösung Fäden zieht. Die Lösung ist dabei 105 °C heiß. Machen Sie die Fadenzuckerprobe: Einen Löffel mit der Zuckerlösung probehalber in kaltes Wasser tauchen. Bildet die Zuckerlösung zwischen den Fingern Fäden, so ist sie fertig gekocht.

2 Die Früchte waschen und zerkleinern. Beerenobst, Kirschen und Trauben ganz lassen und mit einer Nadel mehrmals einstechen.

3 Die Früchte in ein Sieb legen. Das Sieb in eine Edelstahlschüssel hängen.

4 Die Zuckerlösung über die Früchte gießen, bis sie vollständig damit bedeckt sind. Die Früchte in der Zuckerlösung einen Tag ziehen lassen.

5 Das Sieb mit den Früchten herausnehmen.

6 Die Zuckerlösung erneut einkochen, bis sie Fäden zieht.

7 Die Früchte wieder mit der Zuckerlösung begießen, bis sie vollständig bedeckt sind.

8 Nach einem Ruhetag diesen Vorgang erneut durchführen. Insgesamt sollte der Kandierprozess fünfmal wiederholt werden.

9 Beim letzten Mal die Zuckerlösung etwas stärker einkochen, so dass lange Fäden entstehen. Die Lösung ist dabei 108 °C heiß.

10 Die kandierten Früchte auf einem Kuchengitter trocknen lassen.

11 Die kandierten Früchte in Schachteln aufbewahren. Damit sie nicht aneinanderkleben, die einzelnen Lagen mit Pergamentpapier trennen.

1 *Kochen Sie das Wasser und den Zucker so lange, bis die Lösung Fäden zieht.*

2 *Waschen Sie das Obst vorsichtig und zerkleinern Sie größere Früchte.*

3 *Legen Sie die Früchte in ein Sieb, das Sie in eine Edelstahlschüssel hängen.*

4 *Gießen Sie die Zuckerlösung über die Früchte, bis diese vollständig bedeckt sind.*

5 *Nehmen Sie das Sieb mit den Früchten aus der Edelstahlschüssel heraus.*

6 *Kochen Sie die Zuckerlösung erneut ein, bis diese Fäden zieht.*

7 *Wiederholen Sie den Vorgang des Kandierens insgesamt fünfmal.*

8 *Lassen Sie die kandierten Früchte auf einem Kuchengitter trocknen.*

KANDIERTE ANANAS

Für ca. 1,5 kg

1 l Wasser
1 kg Zucker
1 reife Ananas

Zubereitung

1 Das Wasser mit dem Zucker so lange kochen, bis die Zuckerlösung Fäden zieht, dabei ist die Lösung 105 °C heiß.

2 Die Ananas schälen und in 1 cm dicke Scheiben schneiden. Die »Augen« entfernen und den harten, holzigen Strunk herausstechen.

3 Die Früchte in ein Sieb legen. Dieses in eine Edelstahlschüssel hängen und die heiße Zuckerlösung darüber gießen, bis die Früchte vollständig bedeckt sind.

3 Die Früchte in der Zuckerlösung einen Tag ziehen lassen. Das Sieb mit den Früchten herausnehmen und die dünner gewordene Zuckerlösung erneut einkochen lassen, bis sie Fäden zieht (bei 105 °C).

5 Die Früchte wieder mit der Zuckerlösung begießen, so dass sie vollständig damit bedeckt sind. Nach einem Ruhetag diesen Vorgang wiederholen. Insgesamt den Kandierprozess fünfmal wiederholen.

6 Beim letzten Mal die Zuckerlösung etwas stärker einkochen, so dass lange Fäden entstehen. Die Lösung ist dann 108 °C heiß.

7 Die fertigen Früchte auf einem Kuchengitter trocknen lassen. In Schachteln verpackt an einem trockenen Ort aufbewahren.

ANANAS werden nach dem Pflücken zwar noch weicher und saftiger, aber nicht mehr süßer.

KANDIERTE ERDBEEREN

Für ca. 1 kg

1 l Wasser
1 kg Zucker
500 g kleine, feste Erdbeeren

Zubereitung

1 Eine Zuckerlösung (wie oben) zubereiten.

2 Die Erdbeeren möglichst nicht waschen. Falls es doch nötig ist, auf Küchenkrepp gut abtropfen lassen. Die Kelchblätter nicht entfernen. Die Erdbeeren mit einer Nadel mehrmals einstechen.

3 Den Kandiervorgang wie oben beschrieben durchführen und mehrmals wiederholen.

KANDIERTE ORANGEN

Für ca. 1 kg

3 unbehandelte Orangen
1 l Wasser
1 kg Gelierzucker

Zubereitung

1 Die Orangen heiß abwaschen. Mit der Schale in dünne Scheiben schneiden und einige Stunden in kaltes Wasser legen, damit die Bitterstoffe entfernt werden. Das Wasser öfter wechseln.
2 Die Orangenscheiben in einem Topf mit Dämpfeinsatz vorsichtig garen, bis sich die Schalen mit einem Zahnstocher leicht durchpieksen lassen. Die Früchte herausnehmen und auf Küchenkrepp gut abtropfen lassen.
3 Eine Zuckerlösung zubereiten und wie beschrieben kandieren.

ORANGEN
Je schwerer Orangen für ihre Größe sind, desto saftiger sind meist die Früchte.

KANDIERTE ZITRONEN

Für ca. 500 g

2 unbehandelte Zitronen
1/2 l Wasser
500 g Zucker

Zubereitung

1 Die Zitronen (siehe Kandierte Orangen) vorbereiten.
2 Eine Zuckerlösung zubereiten und wie oben beschrieben kandieren.

Glasierte Früchte

Die Früchte werden gewaschen und je nach Fruchtart entkernt, entsteint und entsprechend zerkleinert. Man zieht sie auf kleine Holzspießchen und taucht diese kurz in die vorbereitete heiße Zuckerlösung. Große Früchte, beispielsweise Äpfel, werden einzeln aufgespießt und in die Zuckerlösung getaucht. Auf einen halbierten Kohlkopf gesteckt lässt man die Fruchtspießchen oder die ganzen Früchte trocknen. Die Früchte sind fertig, wenn sie nicht mehr kleben und schön glänzen.

GLASIERTE ERDBEEREN

Für ca. 500 g

1/2 l Wasser
500 g Zucker
500 g feste Erdbeeren

Zubereitung

1 Das Wasser mit dem Zucker so lange kochen, bis die Zuckerlösung lange Fäden zieht, dabei ist die Lösung 108 °C heiß.

2 Die Erdbeeren möglichst nicht waschen. Falls es doch nötig ist, die Früchte auf Küchenkrepp gut abtropfen lassen. Die Kelchblätter nicht entfernen.

3 Die Erdbeeren mit den Kelchblättern in die Zuckerlösung tauchen und trocknen lassen.

Tip

Besonders fein werden die glasierten Erdbeeren, wenn sie nach dem Trocknen zur Hälfte in temperierte Bitterkuvertüre getaucht werden.

GLASIERTE KIRSCHEN

Für ca. 500 g

1/2 l Wasser
500 g Zucker
500 g feste Kirschen

Zubereitung

1 Eine Zuckerlösung (wie oben) zubereiten.

2 Die Kirschen gründlich waschen und anschließend auf Küchenkrepp gut abtropfen lassen.

3 Die Kirschen in die 108 °C heiße Zuckerlösung tauchen und anschließend trocknen lassen.

GLASIERTE WEINTRAUBEN

Für ca. 500 g

1/2 l Wasser
500 g Zucker
500 g Weintrauben ohne Kerne

Zubereitung

1 Eine Zuckerlösung aus Wasser und Zucker (wie oben) zubereiten.

2 Die Weintrauben waschen, dann gut abtropfen lassen und von den Reben zupfen. Auf kleine Holzspießchen aufziehen.

3 Die Holzspießchen mit den Weintrauben in die Zuckerlösung tauchen und trocknen lassen.

WEINTRAUBEN
reifen nach dem Pflücken nicht mehr nach.

Ein-
wecken

steht für Einkochen
und geht als Begriff
auf Johann Weck
zurück, den Gründer
des wohl bekanntes-
ten Unternehmens
für Arbeitsgeräte
zum traditionellen
Einkochen.

Kompott

Kompott – gedünstete und gesüßte Früchte – lässt sich durch unterschiedliche Einkochverfahren herstellen. Besonders beliebt ist Kompott als Nachtisch kombiniert mit Eis oder Pudding. Es kann aber auch als Kuchenfülle dienen. Für säureempfindliche Menschen empfiehlt sich Kompott als Ersatz für Frischobst. Obst, aber auch Gemüse einzukochen zählt zu den traditionellen Konservierungsverfahren. Fachgemäß eingekochtes Kompott kann problemlos jahrelang aufbewahrt werden.

Die Methode des Einkochens

Häufig werden die beiden Begriffe Einwecken und Einkochen fälschlicherweise unter der Bezeichnung Sterilisation zusammengefasst. Beim Einkochen und Einwecken handelt es sich jedoch um einen Pasteurisationsvorgang, bei dem in der Regel die Temperaturen unter 100 °C bleiben. Entscheidend fürs Gelingen des Einkochens ist das Herstellen eines Vakuums, das das weitere Eindringen von schädlichen Mikroorganismen verhindert. Dieses Vakuum entsteht auf folgende Weise: Während des Einkochvorganges dehnt sich das Einkochgut durchs Erhitzen in den Gläsern aus. Es entsteht ein Überdruck. Dampf bildet sich und entweicht von innen nach außen mittels der verwendeten Federklammern. Beim anschließenden Erkalten entsteht innerhalb der Gläser ein Unterdruck (Vakuum). Gleichzeitig presst der Normaldruck der Außenluft den Deckel auf den Glasrand bzw. den Gummiring und bewirkt so den festen und dauerhaften Verschluss.

Wenn beim Öffnen der Gläser an der Lasche des Gummiringes gezogen wird, dringt Luft ein und hebt den Luftabschluss auf – ein bestehendes Vakuum ist daher deutlich erkennbar am lauten Zischgeräusch. Als weitere Faktoren tragen neben der Hitze auch Zucker und Säuren wie Frucht-, Essig- und Zitronensäure zur Konservierung des Einweckguts bei.

VAKUUM
Ein Vakuum entsteht beim Erkalten der Gläser nach dem Einkochen. Es schützt vor dem Eindringen schädlicher Mikroorganismen.

Die gängigsten Einkochverfahren

Es gibt verschiedene Möglichkeiten, Obst, Gemüse und Pilze einzuwecken. Sie können in einem speziellen Einkochtopf einwecken, einen Dampfkochtopf verwenden oder das Einkochgut im Backofen einkochen. Jedes Verfahren erfordert die Beachtung besonderer Regeln.

1 Was Sie beim Einwecken im Einkochtopf beachten sollten:

● Halten Sie sich immer an die Angaben des Herstellers.

● Wenn Sie mit kaltem Wasser aufgefülltes Einkochgut im Einkochtopf einwecken wollen, dürfen Sie nur kaltes Wasser in den Einkochtopf gießen. Umgekehrt soll zu Einkochgut, das mit heißer Flüssigkeit aufgefüllt wurde, nur heißes Wasser hinzugefügt werden.

● Alle Gläser sollten die gleiche Höhe und denselben Durchmesser haben. Sie dürfen sich nicht im Einkochtopf berühren.

EINKOCHZEIT
Ist die nötige Hitze erreicht, beginnt die Einkochzeit. Obst sollte bei 80 °C bis 90 °C und Gemüse bei 98 °C bis 100 °C eingekocht werden.

● Die Angaben zur Einkochzeit beziehen sich in der Regel auf den Zeitpunkt des Erreichens des vorgeschriebenen Hitzegrades. Soll beispielsweise bei 90 °C 10 Minuten lang eingekocht werden, beginnt die Einkochzeit, wenn die Temperatur von 90 °C erreicht ist.

2 Was Sie beim Einkochen im Dampfkochtopf beachten sollten:

● Auch hier gilt: Halten Sie sich grundsätzlich an die Angaben des Herstellers.

● Öffnen Sie den Dampfkochtopf nie gewaltsam.

3 Was Sie beim Einkochen im Backofen beachten sollten:

● Heizen Sie den Backofen nicht vor.

● Stellen Sie die Gläser auf keinen Fall direkt auf den Backofenboden, sondern auf den Rost oder das Backblech. Je nach Hersteller eignet sich auch die mit Wasser gefüllte Fettpfanne.

● Lesen Sie am besten vorher die Herstellerangaben.

● Die Gläser dürfen sich weder gegenseitig noch die Backofenwand berühren.

● Während des Einkochvorganges sollte der Backofen nicht geöffnet werden.

Damit das Einwecken gelingt

● Achten Sie auf absolute Sauberkeit bei der Verarbeitung von Früchten, Gemüsen und Arbeitsgeräten. Schon kleinste Verunreinigungen können zum Verderb führen.

● Kontrollieren Sie Gläser und Deckel vor dem Reinigen auf Glasabsplitterungen und die Gummiringe auf Brüchigkeit.

● Ernten und kaufen Sie immer nur so viel Obst und Gemüse, wie Sie an einem Tag verarbeiten können (siehe Erntekalender, Seite 16).

● Verwenden Sie nur einwandfreie, frische Früchte und junges, zartes Gemüse, um einen optimalen Geschmack, eine appetitliche Farbe und eine längstmögliche Haltbarkeit zu erzielen.

● Überreifes sowie schnell und nass gereiftes Obst, das nach großer Hitze oder viel Regen geerntet wird, ist zum Einkochen ungeeignet. Das Gleiche gilt für zu stark oder zu spät gedüngtes Gemüse.

● Trocknen Sie die gespülten Gläser und Deckel nie ab, sondern lassen Sie sie auf einem Küchentuch abtropfen.

● Kochen Sie die Gummiringe in Wasser mit einem Schuss Essig aus. Waschen Sie die Gummiringe anschließend gründlich mit heißem Wasser und lassen Sie sie bis zum Verwenden darin liegen.

● Benutzen Sie zum Einfüllen einen Einfülltrichter, dann bleibt der Glasrand sauber und muss nicht mühselig gereinigt werden.

● Schlagen Sie die Gläser beim Einfüllen von rohen Früchten oder Gemüse auf einem Tuch vorsichtg auf, damit sich das Einfüllgut gleichmäßig setzen kann und keine »Luftlöcher« entstehen.

● Füllen Sie die Einkochgläser nur bis 2 cm hoch unter den Rand ein.

● Halten Sie sich am besten immer an die vorgegebenen Einkochzeiten.

● Stellen Sie die Gläser nach dem Einkochen auf ein nasswarmes Küchentuch, damit sie nicht springen.

SAUBERKEIT
Wie bei allen Konservierungsmethoden ist auch beim Einkochen peinlichste Sauberkeit die Voraussetzung dafür, dass es nicht zum Verderb kommt.

- Schützen Sie die Gläser beim Abkühlen vor Zugluft.
- Entfernen Sie die Federklammern erst nach dem völligen Erkalten der Gläser.
- Von Gläsern mit Gemüse oder Pilzen, die ein zweites Mal erhitzt werden müssen, dürfen die Klammern nicht entfernt werden. Lassen Sie die Gläser vor Zugluft geschützt ein bis zwei Tage in der Küche stehen und erhitzen Sie sie dann erneut.
- Bewahren Sie die Gläser an einem kühlen, dunklen Ort auf, dann kommt es nur zu minimalen Farbveränderungen. Eingekochtes ist dann bis zu einem Jahr haltbar.
- Vermerken Sie auf einem Etikett die Frucht-, Gemüse- oder Pilzart sowie die Zubereitungsart und das Datum.
- Einmal geöffnete Gläser sollten Sie auf jeden Fall gut zugedeckt im Kühlschrank aufbewahren.
- Den Inhalt von Gläsern, deren Deckel lose aufliegen, sollten Sie auf keinen Fall verwenden. Es besteht die Gefahr, dass die Früchte nicht mehr einwandfrei sind.
- Kontrollieren Sie regelmäßig Ihren Vorrat auf eventuellen Verderb.

KONTROLLE

Wer regelmäßig und viel einkocht, sollte unbedingt mehrmals im Monat kontrollieren, ob das Selbstgemachte noch gut ist oder eventuell schon schimmelt bzw. gärt.

Die Arbeitsgeräte

Wenn Sie regelmäßig größere Mengen Früchte einkochen oder Gemüse einwecken, lohnt sich die Anschaffung spezieller Einkochgeräte:

Die Grundausstattung hat sich seit der Zeit unserer Großeltern nicht viel verändert.

- Am wichtigsten sind die Gläser. Am besten eignen sich spezielle Einkoch- und Einweckgläser in unterschiedlichen Größen mit Gummiring, Glasdeckel und Federklammern. Platzsparend sind zudem stapelbare Gläser.
- Eine Küchenwaage und ein Messbecher zum Abwiegen der Zutaten.
- Schaumlöffel und Einfülltrichter zum Einfüllen der Früchte in die Gläser.
- Ein Glasheber zum Herausnehmen der Gläser aus dem heißen Wasser.
- Verschiedene Töpfe und Pfannen aus Edelstahl mit einem großen Durchmesser zum Erhitzen von Zuckersirup, Gemüse, Essiglösung und Gläsern.
- Je nach Methode ein Einkoch- oder Dampfkochtopf.
- Etiketten zum Beschriften des Einkochguts.

Wie kann festgestellt werden, ob das Einkochgut verdorben ist?

Hierfür ist es ganz wichtig, dass die Federklammern nach dem Erkalten entfernt werden. So lässt sich sofort feststellen, ob ein Deckel noch lose aufliegt. Dies ist ein sicheres Zeichen dafür, dass das Einkochgut nicht entsprechend lange erhitzt wurde, dass das Obst und Gemüse zu reif war oder zu sehr gedüngt wurde und daher zum Einkochen ungeeignet war.

Beim Einkochen können sich aber auch Fehler eingeschlichen haben. Dann zeigt sich erst nach längerer Lagerung das Loseliegen der Deckel. Es bilden sich so genannte Gärgase, die zum Aufdrücken der Deckel führen. Einkochgut, bei dem der Deckel nicht ganz fest sitzt, muss unbedingt weggeworfen werden. Milchige Trübungen, Schimmelbildung oder ein unangenehmer Geruch sind ebenfalls ein untrügliches Zeichen für Verderb. Solche Produkte sollten auf keinen Fall verzehrt werden, sie können zu gesundheitlichen Störungen führen.

EINWECKGUT
Früchte sind zum Einkochen besonders gut geeignet, Gemüse und Pilze hingegen nur bedingt. Sie müssen teilweise zweimal eingekocht werden, damit sie auch tatsächlich »steril« sind.

Welche Früchte eignen sich zum Einwecken?

Obst lässt sich aufgrund seines hohen Fruchtsäureanteils besonders gut einkochen. Bei Gemüse und Pilzen dagegen gilt es, besondere Vorsichtsmaßnahmen einzuhalten, denn sie enthalten mehr Eiweiß, das von Mikroorganismen leichter zersetzt werden kann. Daher sollte man möglichst nur ganz zartes, junges und erntefrisches Gemüse zum Einkochen verwenden. Außerdem sollten Gemüse und Pilze nach ein bis zwei Tagen ein zweites Mal erhitzt werden, um sicherzugehen, dass der Einkochvorgang auch richtig funktioniert hat.

Die meisten Früchte können ohne spezielle Vorbehandlung, also lediglich gewaschen, geschält, entstielt, entkernt etc., eingekocht werden. Bei der Methode des Heißeinfüllens mit Zuckersirup wird auf das Erhitzen der Gläser im Einkochtopf, Backofen oder im Dampfkochtopf sogar ganz verzichtet.

Gemüse muss in der Regel vor dem Einwecken blanchiert und teilweise gegart werden. Daneben gibt es die Möglichkeit, Gemüse und Früchte süß-sauer mit Zucker und Essig einzukochen. Pilze sollten sorgfältig verlesen, geputzt und auf jeden Fall vor dem Einwecken gekocht werden.

Für welche Methode Sie sich entscheiden, hängt ganz vom Verwendungszweck ab. Eingekochtes gemischtes Gemüse bietet sich beispielsweise für Suppen mit feinen Nudeln an, die beim Erhitzen mitgaren können. Eingewecktes Obst und Sirupfrüchte schmecken erwärmt zu Eis oder können direkt aus dem Glas als Dessert verwendet werden.

Das Einkochen von Früchten

METHODEN
Weiche, saftreiche Früchte mit Zucker in Gläser füllen, dann einwecken, harte, saftarme Früchte vor dem Einwecken mit einer Zuckerlösung begießen.

Generell lassen sich alle Früchte einkochen. Je nach Verwendungszweck ist es jedoch günstiger, die Früchte heiß einzufüllen oder einzufrieren. Das Heißeinfüllen geht wesentlich schneller, und es bleiben mehr Nährstoffe erhalten. Speziell Beerenobst wird zudem beim Einkochen leicht breiig und eignet sich dann nur noch als Kompott. Wenn mit Himbeeren & Co. im Winter saftige Obstkuchen zubereitet werden sollen, ist auf jeden Fall das Tiefgefrieren vorzuziehen. Beim Einkochen werden die vorbereiteten Früchte entweder mit Zucker in Gläser gefüllt oder nach dem Einschichten mit einer Zuckerlösung begossen, verschlossen und eingeweckt.

Grundrezept für das Einkochen von Früchten

2 kg Früchte
1 l Wasser
500 g Zucker

1 Die Früchte waschen und zerkleinern oder nach Wunsch auch ganz lassen.

2 Je nach Rezept die Früchte blanchieren und in Eiswasser abschrecken. Dann gut abtropfen lassen.

3 Die Früchte höchstens bis 2 cm unter den Rand in die Einmachgläser schichten.

4 Das Wasser mit dem Zucker aufkochen.

5 Die Gläser mit dem Zuckersirup auffüllen.

6 Die Gläser zuerst mit Gummiringen und Glasdeckeln, dann mit Federklammern verschließen.

7 Die Gläser im Backofen, im Dampfkochtopf oder im Einkochtopf einwecken. Ganz wichtig: Beachten Sie immer die Angaben des Herstellers zu Einkochzeit und Einkochtemperatur.

8 Die Gläser nach dem Einwecken vor Zugluft geschützt abkühlen lassen.

9 Die Federklammern erst nach dem völligen Erkalten der Gläser entfernen.

10 Die Gläser an einem kühlen, dunklen Ort aufbewahren.

ANGABEN

Alle Zeitangaben beziehen sich auf Gläser mit 1 l Inhalt.

HEIDELBEEREN

Für 2 Gläser à 1 l

2 kg Heidelbeeren
1 l Wasser
500 g Zucker

1 Die Heidelbeeren säubern, waschen und auf Küchenkrepp gut abtropfen lassen. Die rohen Beeren bis 2 cm unter den Rand in vorbereitete Einmachgläser füllen. Die Gläser dabei mehrmals auf einem Küchentuch aufstoßen.

2 Das Wasser zusammen mit dem Zucker aufkochen lassen. Die Heidelbeeren mit dem heißen Zuckersirup auffüllen. Anschließend die Gläser verschließen und bei 90 °C 30 Minuten lang einkochen lassen.

1 Waschen und zerkleinern Sie die Früchte je nach Wunsch.

2 Blanchieren Sie die Früchte und schrecken Sie sie mit Eiswasser ab.

3 Schichten Sie die Früchte bis maximal 2 cm unter den Rand in Einmachgläser.

4 Kochen Sie dann das Wasser mit dem Zucker auf, so dass Zuckersirup entsteht.

5 *Füllen Sie die Gläser großzügig mit dem Zuckersirup auf.*

6 *Verschließen Sie jedes Glas mit einem Gummiring, mit Glasdeckel und Federklammer.*

7 *Wecken Sie die Gläser im Einkochtopf, Dampfkochtopf oder im Backofen ein.*

8 *Lassen Sie die Gläser an einem vor Zugluft geschützten Ort abkühlen.*

BIRNEN MIT PFEFFERMINZE

VANILLE

Die beste Vanille kommt aus Madagaskar, von Réunion und den Komoren. Unter der Bezeichnung Bourbon-Vanille ist sie im Handel erhältlich.

Für 2 Gläser à 1 l

2 kg aromatische Birnen, z. B. Williams Christbirnen
Saft von 2 Zitronen
1 l Wasser
500 g Zucker
1/2 Vanilleschote
1/2 Bund Pfefferminze

Zubereitung

1 Die Birnen schälen, aber dabei den Stiel nicht entfernen. Das Kernhaus mit einem Apfelausstecher vorsichtig herausbohren.

2 Die Birnen in sprudelnd kochendem Wasser mit dem Saft von 1 Zitrone ca. 2 Minuten blanchieren, dann in Eiswasser abschrecken. Gut abtropfen lassen.

3 Das Wasser mit dem Zucker aufkochen lassen. Den restlichen Zitronensaft zusammen mit der Vanilleschote unter den Zuckersirup rühren.

4 Die Birnen mit ein paar Pfefferminzblättchen in Einmachgläser bis 2 cm unter den Rand schichten. Mit dem Zuckersirup auffüllen. Verschließen und bei 90 °C 30 Minuten einkochen.

Tip

Aprikosen und Pfirsiche nach dem gleichen Rezept zubereiten. Jedoch nach dem Blanchieren und Abschrecken in Eiswasser die Haut der Früchte abziehen.

PFLAUMEN IN ROTWEIN

Für 2 Gläser à 1 l

2 kg Pflaumen
1 l Rotwein
400 g Zucker

Zubereitung

1 Die Pflaumen waschen, gut abtropfen lassen, halbieren und entsteinen.

2 Den Rotwein mit dem Zucker aufkochen, dann den Rotweinsirup etwas abkühlen lassen.

3 Die Pflaumen bis 2 cm unter den Rand in Einmachgläser schichten. Mit dem Rotweinsirup aufgießen. Die Gläser verschließen und bei 90 °C 30 Minuten lang einkochen lassen.

Tip

Nach Wunsch noch 1 Stange Zimt und ein paar Gewürznelken unter den Rotweinsirup rühren.

GRÜN EINGELEGTE WALNÜSSE

Für 2 Gläser à 1 l

800 g grüne Walnüsse
1 l Wasser
1 kg Zucker
1 Stange Zimt
ein paar Gewürznelken
abgeriebene Schale von je 1/2 unbehandelten Orange und Zitrone

Zubereitung

1 Die Walnüsse Anfang Juli ernten. Jede Nuss mit einer Stricknadel 4- bis 5-mal rundum einstechen. Mit Wasser bedeckt zwei Wochen ziehen lassen, dabei das Wasser täglich zweimal wechseln. Die Walnüsse haben den richtigen Reifegrad, wenn man beim Durchstechen mit einer Stricknadel keinen Widerstand mehr spürt.

2 Die Walnüsse 10 Minuten blanchieren und gut abtropfen lassen.

3 Das Wasser mit dem Zucker aufkochen. Die Gewürze und die Zitrusschalen unter den Zuckersirup rühren. Die Walnüsse hinzufügen und 5 Minuten darin kochen. Dann die Masse gut abkühlen lassen.

4 Die Walnüsse mit dem Zuckersirup bis 2 cm unter den Rand in Einmachgläser füllen. Verschließen, bei 90 °C 30 Minuten kochen.

VIELSEITIG

Eingelegte Walnüsse passen zu Blattsalaten mit Walnussöldressing, als Garnitur oder Einlage in Wildpasteten und -terrinen sowie als Einlage in Brot- und Fleischfarcen für Poularden, Enten und Puten. Nusspuddinge und Aufläufe können mit eingelegten Walnüssen garniert werden.

STACHELBEEREN

Für 2 Gläser à 1 l

2 kg feste, halbreife Stachelbeeren
1 l Wasser
750 g Zucker

Zubereitung

1 Die Stachelbeeren waschen. Mit einer Schere Stiele und Blütenansätze entfernen. Dann die Früchte mit einer Nadel mehrmals einstechen und bis 2 cm unter den Rand in Einmachgläser füllen. Die Gläser dabei auf einem Tuch aufstoßen.

2 Das Wasser mit dem Zucker aufkochen, dann etwas abkühlen lassen. Die Gläser mit dem Zuckersirup auffüllen. Die Gläser verschließen und bei 90 °C 30 Minuten lang einkochen.

Tip

Stachelbeeren haben eine besonders feste Haut. Sie müssen daher vor dem Einfüllen in die Gläser mit einer Nadel eingestochen werden.

Das Heißeinfüllen von Früchten

Dieses Konservierungsverfahren ist für viele Früchte gut geeignet. Es hat gegenüber dem Einkochen und Einwecken zwei Vorteile: Es geht besonders rasch und es werden dafür keine besonderen Arbeitsgeräte wie ein Dampfkochtopf oder ein Einkochtopf benötigt. Außerdem bleiben Vitamine, Geschmack und Farbe durch das kurze Erhitzen besser erhalten. Es lohnt sich außerdem auch für geringe Mengen. Denn man kann ohne großen Arbeitsaufwand auch mal nur ein Glas heißeinfüllen.

Für das Heißeinfüllen werden die vorbereiteten Früchte kurz in Wasser oder in einer Zuckerlösung gegart. Beim Garen der Früchte sollte man bedenken, dass sie in der heißen Zuckerlösung im Glas noch einige Zeit nachgaren. Außerdem sind feste, reife Früchte besonders saftig. Auch dies verkürzt die Garzeit. Dann füllt man sie heiß in Gläser. Die Früchte müssen dabei bis zum Rand mit einer Zuckerlösung bedeckt sein. Anschließend werden die Gläser sofort luftdicht verschlossen.

VERSCHLIESSEN
Beim Heißeinfüllen von Obst den Zuckersirup nur bis 1 cm unter den Rand hoch einfüllen. Die Oberfläche und die Deckelinnenseite mit hochprozentigem Alkohol beträufeln und anzünden. Den Deckel auf die Gläser drücken. Sie sind in Sekunden luftdicht verschlossen.

Grundrezept für das Heißeinfüllen von Früchten

2 kg Früchte
1 l Wasser
600 g Zucker

1 Die Früchte waschen, bei Bedarf zerkleinern oder auch ganz lassen.
2 Das Wasser mit dem Zucker aufkochen. Die Früchte darin nach Rezept kochen.
3 Die Früchte mit dem Zuckersirup direkt randvoll in die vorgewärmten Gläser füllen. Oder:
4 Die Früchte mit einem Schaumlöffel herausnehmen, in die Gläser schichten und den Zuckersirup nochmals aufkochen. Dann die Gläser damit auffüllen.
5 Die Gläser sofort luftdicht verschließen.
6 Die Gläser abkühlen lassen. Anschließend an einem kühlen, dunklen Ort aufbewahren.

HIMBEEREN IN SIRUP

Für 3 Gläser à 1 l

2 kg Himbeeren
1 l Wasser
600 g Zucker

Zubereitung

1 Die Himbeeren verlesen, waschen und auf Küchenkrepp gut abtropfen lassen.

2 Das Wasser mit dem Zucker aufkochen. Die Himbeeren je nach Festigkeit 4 bis 6 Minuten kochen.

3 Die Himbeeren mit einer Schaumkelle in die vorbereiteten erwärmten Einmachgläser füllen.

4 Den Zuckersirup nochmals aufkochen lassen. Dann siedend heiß randvoll in die Gläser füllen. Sofort luftdicht verschließen.

KIRSCHEN UND JOHANNISBEEREN IN SIRUP

Für 3 Gläser à 1 l

1 kg Kirschen
1 kg rote oder schwarze Johannisbeeren
1 l Wasser
600 g Zucker

Zubereitung

1 Die Früchte waschen. Die Kirschen entstielen und entsteinen. Die Johannisbeeren mit einer Gabel von den Rispen streifen.

2 Das Wasser mit dem Zucker aufkochen. Die Kirschen ca. 5 Minuten darin kochen. Kurz vor Ende der Garzeit die Johannisbeeren hinzufügen und 2 bis 3 Minuten mitkochen.

3 Die Früchte zusammen mit dem Sirup siedend heiß randvoll in die vorbereiteten erwärmten Einmachgläser füllen. Sofort luftdicht verschließen.

HIMBEEREN
Waldhimbeeren schmecken besonders aromatisch. Zupfen Sie die Beeren beim Pflücken gleich vom Fruchtboden und benutzen Sie zum Sammeln einen kleinen Eimer oder eine Kanne, damit kein Saft verloren geht.

Das Einwecken von Gemüse und Pilzen

ANGABEN
Nicht alle Gemüse eignen sich zum Einkochen. Gemüse mit einem besonders scharfen Geruch oder Geschmack sind ungeeignet. Generell gilt, dass Gemüse ganz frisch, zart und knackig sein sollte.

Gemüse und Pilze kann man nicht heißeinfüllen. Sie müssen in jedem Fall eingekocht werden. Oft empfiehlt sich sogar noch ein zweiter Einkochvorgang, damit alle Mikroorganismen wirklich abgetötet werden.

Das Gemüse wird vor dem Einkochen gewaschen, geputzt, eventuell zerkleinert und je nach Rezept blanchiert (Blanchierzeiten siehe Seite 140) oder gekocht. Wichtig: Blanchier- oder Kochwasser sollte nicht zum Einwecken verwendet werden. Dann füllt man das Gemüse in Gläser, gießt mit Salzwasser auf, verschließt sie und kocht das Gemüse ein.

Pilze müssen vor dem Einwecken gewaschen, geputzt – eventuell die Pilzhaut abziehen – und blanchiert werden. Dann werden sie in Gläser gefüllt und eingekocht.

Grundrezept für das Einkochen von Gemüse und Pilzen

1 kg Gemüse oder Pilze
1 l Wasser
10 g Salz

1 Das Gemüse putzen, waschen und zerkleinern.

2 Das Gemüse blanchieren, in Eiswasser abschrecken und gut abtropfen lassen.

3 Das Gemüse bis 2 cm unter den Rand in Gläser schichten.

4 Das Wasser mit dem Salz aufkochen.

5 Die Gläser mit der Salzlösung auffüllen.

6 Die Gläser zuerst mit Gummiringen und Glasdeckeln, dann mit Federklammern verschließen.

7 Die Gläser im Backofen, im Dampfkochtopf oder im Einkochtopf einwecken.

8 Die Gläser nach dem Einwecken vor Zugluft geschützt abkühlen lassen.

9 Die Federklammern erst nach dem völligen Erkalten der Gläser entfernen.

10 Die Gläser an einem kühlen, dunklen Ort aufbewahren.

KÜRBIS

Für 2 Gläser à 1 l

1 kg Kürbisfleisch, vorbereitet gewogen
1 l Wasser
250 g Zucker

Zubereitung

1 Das Kürbisfleisch in Stifte, Blättchen oder Rauten schneiden. Über Nacht in schwaches Essigwasser le-gen. Dann abgießen und gut abtropfen lassen.

2 Das Wasser mit dem Zucker aufkochen. Die Kürbisstücke darin glasig garen. Mit dem Saft bis 2 cm unter den Rand in Einmachgläser füllen.

3 Verschließen und bei 90 °C 30 Minuten lang ein-kochen lassen.

Ingwerkürbis

Eine pikante Variante ist der Ingwerkürbis nach dem gleichen Rezept: 2 kg Kürbisfleisch in 0,4 l Wasser, 0,4 l Weinessig, 400 g Zucker und einem Stückchen gewürfelter Ingwerwurzel glasig garen. Der Ingwer sorgt für die scharf-süße Note.

PILZE

Für 2 Gläser à 1 l

1 kg Steinpilze, Herrenpilze, Pfifferlinge oder Champignons
1 l Wasser
10 g Salz
Saft von 1/2 Zitrone
ein paar Blätter glatte Petersilie

Zubereitung

1 Die Pilze putzen. Schadhafte Stellen sorgfältig entfernen. Die Pilze in gleichmäßige Scheiben schneiden. Dann blanchieren und in Eiswasser abschrecken, gut abtropfen lassen.

2 Die Pilze bis maximal 1 cm unter den Rand in Einmachgläser schichten.

3 Das Wasser mit dem Salz aufkochen. Zitronensaft und Petersilienblätter hinzufügen. Die Gläser damit auffüllen.

4 Verschließen und bei 100 °C 90 Minuten lang ein-kochen.

Tip

Verschiedene Pilzsorten lassen sich auch sehr gut gemischt einmachen.

INGWER ist die Knolle einer tropischen Gewürzlilie. Sie ist frisch und gemahlen im Handel zu finden. Gemahlen schmeckt Ingwer am intensivsten.

SPARGEL

Für 2 Gläser à 1 l

1 kg Spargel
ca. 1 l Wasser

SPARGEL
Sowohl weißer als auch grüner Spargel eignet sich zum Einkochen. Grüner Spargel muss im Gegensatz zu weißem lediglich frisch angeschnitten, aber nicht geschält werden. Die Saison für Spargel aus heimischem Anbau endet am 24. Juni, dem Johannistag.

Zubereitung

1 Den Spargel sorgfältig schälen und die holzigen Enden entfernen. In leicht gesalzenem Wasser ca. 5 Minuten lang blanchieren. Sofort in Eiswasser abschrecken und anschließend gut abtropfen lassen.

2 Die Spargelstangen mit den Köpfen nach oben in Einmachgläser füllen.
3 Das Wasser zum Kochen bringen und die Gläser damit auffüllen.
4 Verschließen und bei 100 °C 90 Minuten lang einkochen lassen.

Tip

Nach dem gleichen Rezept Schwarzwurzeln einkochen.

TOMATEN

Für 2 Gläser à 1 l

1 kg kleine Tomaten, z. B. Kirschtomaten
Petersilien- und Basilikumblättchen
1 l Wasser
10 g Salz

Zubereitung

1 Die Tomaten waschen und den Blütenansatz sorgfältig entfernen. Dann die Tomaten ungeschält zusammen mit Petersilien- und Basilikumblättchen bis 2 cm unter den Rand in Einmachgläser füllen.
2 Das Wasser mit dem Salz aufkochen. Die Einmachgläser damit auffüllen.
3 Verschließen und bei 90 °C 30 Minuten lang einkochen lassen.

Das süß-saure Einkochen von Obst und Gemüse

Im Prinzip wird wie beim normalen Einkochen vorgegangen. Doch statt mit einer Zuckerlösung oder mit Salzwasser werden beim süß-sauren Einkochen die Früchte und das Gemüse mit einer Zucker-Essig-Lösung oder einer Essiglösung aufgegossen. Teilweise werden auch noch besondere Gewürze hinzugefügt. Je nach Rezept muss das Gemüse hierfür nicht vorgekocht werden. Eine weitere Möglichkeit, Obst und Gemüse süß-sauer zu verarbeiten, ist das Einlegen (siehe Einlegen, Seite 88).

GEWÜRZBIRNEN

Für 2 Gläser à 1 l

2 kg Birnen
0,4 l Weißwein
1/8 l Wasser
1/8 l Weinessig
1 Stange Zimt
ein paar Gewürznelken
400 g Zucker

Zubereitung

1 Die Birnen waschen, schälen, vierteln und entkernen. Den Weißwein mit den übrigen Zutaten aufkochen. Die Birnenviertel 5 Minuten lang darin garen. Die Zimtstange und die Gewürznelken herausnehmen.

2 Die Birnenviertel bis 2 cm unter den Rand in Einmachgläser schichten. Die Einmachgläser mit der Essig-Zucker-Lösung auffüllen.

3 Verschließen und bei 90 °C 30 Minuten lang einkochen lassen.

GEWÜRZGURKEN

Für 2 Gläser à 1 l

2 kg Einleggurken, 8–10 cm lang
1/2 l Weinessig
1/4 l Wasser
100 g Zucker
50 g Zwiebelwürfelchen
Pfeffer- und Senfkörner
ein paar Lorbeerblätter
ein paar Zweige Dill und Estragon

Zubereitung

1 Die Gurken waschen und sauber bürsten. Falls sie bitter sind, einige Stunden in kaltes Wasser legen. Die Gurken bis 2 cm unter den Rand in Einmachgläser schichten.

2 Den Weinessig mit den übrigen Zutaten aufkochen. Die Gläser mit der Gewürzlösung auffüllen.

3 Verschließen und bei 90 °C 30 Minuten lang einkochen lassen.

Tip

Nach diesem Rezept kann man verschiedene blanchierte Gemüse wie Brokkoli, Perlzwiebeln, Paprikaschoten, Möhren, Blumenkohl, Erbsen oder Maiskölbchen ebenfalls süß-sauer einlegen.

GEWÜRZE

Sie spielen beim süß-sauren und sauren Einkochen eine große Rolle. Je nach Gewürzen schmeckt ein und dieselbe Frucht bzw. ein und dasselbe Gemüse ganz unterschiedlich.

MIXED PICKLES

BEREICHERUNG
Mixed Pickles & Co. gehören auf jedes kalte Buffet. Sie werden besonders gerne zu Wurst, kaltem Braten und Käse gegessen. Häufig serviert man sie auch zu Raclette.

Für 2 Gläser à 1 l

| 2 kg Gemüse, z. B. Einleggurken, Perlzwiebeln, Paprikaschote, Möhren, Blumenkohlröschen, Erbsen und Maiskölbchen |
| 1/2 l Weinessig |
| 1/4 l Wasser |
| 100 g Zucker |
| Pfeffer- und Senfkörner |
| ein paar Lorbeerblätter |
| ein paar Zweige Dill und Estragon |
| Salz |

Zubereitung

1 Das Gemüse putzen und mundgerecht zerkleinern. Separat blanchieren und in Eiswasser abschrecken, gut abtropfen lassen. Dann bis 2 cm unter den Rand in Einmachgläser schichten.

2 Den Weinessig mit den übrigen Zutaten aufkochen und abschmecken. Die Gläser damit auffüllen.

3 Verschließen und bei 90 °C 30 Minuten lang einkochen lassen.

Tip

Chilischoten machen Mixed Pickles noch pikanter.

PAPRIKAMIX

Für 2 Gläser à 1 l

| 2 kg rote, gelbe und grüne Paprikaschoten |
| 200 g Zwiebelringe |
| 1/2 l Weinessig |
| 1/4 l Wasser |
| 100 g Zucker |
| Pfefferkörner |
| ein paar Lorbeerblätter |
| 2–3 Chilischoten |
| Salz |

Zubereitung

1 Die Paprikaschoten putzen, vierteln, entkernen und in Stücke schneiden. Zwiebelringe und Paprikastücke separat blanchieren und in Eiswasser abschrecken, gut abtropfen lasssen. Das Gemüse bis 2 cm unter den Rand in Einmachgläser schichten.

2 Den Weinessig mit den übrigen Zutaten aufkochen und abschmecken. Die Gläser damit auffüllen.

3 Verschließen, bei 90 °C 30 Minuten einkochen.

Tip

Zusätzlich Tomatenstücke mit in die Gläser füllen. Eignet sich als Beilage zu Schweinekoteletts, Putenschnitzel und Steaks.

GESCHÄLTE TOMATEN, SÜSS-SAUER

Für 2 Gläser à 1 l

2,5 kg Fleischtomaten	
Petersilien- und Basilikumblätter	
1/2 l Weinessig	
1/4 l Wasser	
100 g Zucker	
Pfefferkörner	
ein paar Lorbeerblätter	
Salz	

Zubereitung

1 Von den Tomaten die Blütenansätze entfernen und kreuzweise einritzen. Die Früchte ca. 20 Sekunden blanchieren. In Eiswasser abschrecken. Dann die Haut abziehen und die Tomaten vierteln. Innenrippe und Kerne sorgfältig entfernen.

2 Die Tomatenviertel zusammen mit Petersilien- und Basilikumblättchen bis 2 cm unter den Rand in Einmachgläser füllen.

3 Den Weinessig mit dem Wasser, dem Zucker und den übrigen Zutaten aufkochen und abschmecken. Die Gläser mit den Tomaten damit auffüllen.

4 Verschließen und bei 80 °C 30 Minuten lang einkochen lassen.

LORBEERBLÄTTER kommen aus der Türkei und Griechenland. Sie schmecken herbwürzig und leicht bitter. Lorbeerblätter werden zur geschmacklichen Verfeinerung mitgegart.

ESSIGZWETSCHEN

Für 2 Gläser à 1 l

2 kg Zwetschen	
0,5 l Rotwein	
1/8 l Weinessig	
400 g brauner Kandiszucker	
1 Stange Zimt	
ein paar Gewürznelken	

Zubereitung

1 Die Zwetschen entstielen, waschen und gut abtropfen lassen. Dann bis 2 cm unter den Rand in vorbereitete Einmachgläser füllen.

2 Den Rotwein zusammen mit dem Weinessig, dem Kandiszucker, der Zimtstange und den Gewürznelken aufkochen lassen. Die Gläser damit auffüllen.

3 Verschließen und bei 90 °C 30 Minuten lang einkochen lassen.

Tip

Die säuerlich-süßen Essigzwetschen passen als außergewöhnliche Beilage sehr gut zu Ente, Gans oder zu verschiedenen Wildgerichten. In Verbindung mit Süßem wie Zimtparfait oder Mohnmus ·kann man sie auch als Dessert servieren.

Ent-
saften

als Vorstufe zur Her-
stellung von Frucht-
weinen und Frucht-
likören gehörte
ebenfalls zum
Einmachrepertoire
unserer Großmütter.

Fruchtsaft, Fruchtwein, Fruchtlikör

Selbst hergestellte Frucht- oder Gemüsesäfte schmecken im Winter besonders köstlich und stellen eine ideale Vitaminquelle dar. Ohne Zucker eingekochte Säfte können zu Gelee weiterverarbeitet werden. Herrliche Fruchtweine und Fruchtliköre lassen sich aus verschiedenstem Obst und Gemüse herstellen. Eine Flasche selbst gekelterter Fruchtwein ist außerdem ein besonders feines Geschenk für liebe Bekannte und Freunde.

Die Methoden des Entsaftens

Um Fruchtsäfte zu gewinnen, gibt es unterschiedliche Verfahren. Der konservierende Effekt wird auch hier – je nach Methode – durch Erhitzen und die Zugabe von Zucker erreicht. Natürlich müssen die gewonnenen Säfte vor oder nach dem Erhitzen luftdicht verschlossen werden.
Je nach Fruchtart und Verwendungszweck bieten sich folgende Möglichkeiten der Saftgewinnung an:

1 Das Dampfentsaften
Fürs Dampfentsaften wird ein spezieller Topf benötigt. Am besten hält man sich an die Anweisungen des Herstellers. Der so gewonnene Fruchtsaft muss vor dem Abfüllen in Flaschen noch einmal mit Zucker erhitzt werden. Für kleine Mengen eignet sich auch der Dampfkochtopf. Hier sollte man sich ebenfalls an die Angaben des Herstellers halten. Gerade bei großen Obstmengen oder für Gemüse und Kräuter empfiehlt sich das Dampfentsaften.

2 Die traditionelle Entsaftung
Wer wie unsere Großmütter entsaften möchte, bringt die Früchte mit etwas Wasser zum Kochen, bis sie aufplatzen (wie z. B. Johannisbeeren) oder weich sind (wie z. B. Äpfel). Anschließend lässt man die Früchte über Nacht in einem

ENTSAFTEN
Es gibt verschiedene Methoden, um Saft zu gewinnen. Man kann dampfentsaften, traditionell entsaften und rohentsaften. Die meisten Vitamine bleiben beim Rohentsaften erhalten.

Tuch abkühlen, dabei wird der Saft aufgefangen. Dann wird der Saft mit Zucker aufgekocht, heiß in Flaschen gefüllt und sofort verschlossen. Eventuell muss der Fruchtsaft vor dem Abfüllen noch abgeschäumt werden.

3 Die Rohentsaftung

Bei dieser Methode werden die vorbereiteten Früchte (gewaschen, geschält, entstielt, entkernt, entsteint etc.) in der elektrischen Saftzentrifuge entsaftet. So gewonnene Säfte können ohne weitere Behandlung zur Zubereitung von Gelees verwendet werden (siehe Seite 36). Säfte für den Vorrat müssen mit Zucker erhitzt, in Flaschen abgefüllt und fest verschlossen werden. Man kann den Saft auch kalt in Flaschen füllen, im Wasserbad erhitzen und dann luftdicht verschließen. Kleine Saftmengen für den täglichen Bedarf gewinnt man am einfachsten mit dieser Methode.

Damit das Entsaften gelingt

● Achten Sie auf absolute Sauberkeit bei der Verarbeitung von Früchten, Gemüsen und Kräutern und bei den Arbeitsgeräten.

● Kontrollieren Sie die Flaschen auf Absplitterungen, Gummiringe und Gummikappen auf Brüchigkeit.

● Ernten und kaufen Sie immer nur so viel Obst, Gemüse und Kräuter, wie Sie an einem Tag verarbeiten können (siehe Erntekalender, Seite 16).

● Obst, Gemüse und Kräuter müssen einwandfrei sein.

● Legen Sie die Flaschen über Nacht in Wasser. Sind sie gereinigt und heiß ausgespült, lassen Sie sie auf dem Kopf stehend (an die Wand gelehnt) auf einem Küchentuch abtropfen. Stellen Sie die Flaschen vor dem Einfüllen 10 Minuten lang in den auf 100 °C vorgeheizten Backofen.

● Kochen Sie Gummiringe und -kappen in Wasser mit einem Schuss Essig aus. Anschließend gründlich mit heißem Wasser waschen und bis zum Verwenden darin liegen lassen.

● Verwenden Sie zum Abfüllen in die Flaschen am besten einen Trichter.

● Stellen Sie die Flaschen nach dem Abfüllen und/oder Erhitzen, je nach Methode, auf ein nasswarmes Küchentuch.

ZUCKERZUSATZ
Der Zusatz von Zucker ist beim Wasserbadverfahren nicht erforderlich. Wer auf den Zuckerzusatz verzichten möchte, kann den Saft auch kalt in Flaschen füllen, im Wasserbad erhitzen und gut verschließen.

● Schützen Sie die Flaschen beim Abkühlen vor Zugluft.
● Bewahren Sie Frucht- und Gemüsesäfte an einem kühlen, dunklen Ort auf.
● Empfindliche Kräutersäfte gehören in den Kühlschrank.
● Vermerken Sie auf dem Etikett Saftart und Datum.
● Einmal geöffnete Flaschen möglichst innerhalb von 1 bis 2 Tagen verbrauchen.
● Kontrollieren Sie regelmäßig Ihren Vorrat auf Trübungen oder Schimmelbildung.

Die Arbeitsgeräte

Welche Geräte Sie benötigen, hängt zum einen von der Art des Saftes ab, den Sie gewinnen wollen, ob Obst-, Gemüse- oder Kräutersaft, und zum anderen natürlich von der Entsaftungsmethode, die Sie gewählt haben.
Als Grundausstattung gilt:
● Ein Dampfentsafter zur schonenden Saftgewinnung von Gemüse und Kräutern.
● Ein entsprechend großer Topf aus Edelstahl zum Erhitzen von Früchten und Flaschen im Wasserbad.
● Eine Küchenwaage und ein Messbecher zum Abwiegen der Zutaten.
● Tücher zum Ablaufenlassen des Saftes bei der traditionellen Fruchtsaftgewinnung.
● Ein Schaumlöffel und Trichter zum Abschäumen des Saftes bzw. zum Abfüllen in die Flaschen.
● Große und kleine Flaschen mit Bügelverschluss, Twist-off-Deckel oder Gummikappen.
● Etiketten zum Beschriften der Saftflaschen.

Welche Früchte eignen sich zum Entsaften?

Speziell saftreiche Früchte eignen sich besonders gut zur Saftgewinnung. Zu ihnen zählen das Beerenobst, Kirschen, Äpfel und Birnen.
Für Gemüsesäfte sollte man in erster Linie aromatische und saftreiche Gemüsesorten wie beispielsweise Tomaten wählen. Zusammen mit Salz und Gewürzen lassen sich die unterschiedlichsten Gemüsesäfte zubereiten. Sie bieten sich auch als Basis für Longdrinks an.

HALTBARKEIT
Verwenden Sie möglichst dunkle Flaschen zum Abfüllen der Säfte. Einmal geöffnete Flaschen sollte man immer im Kühlschrank aufbewahren und den Saft innerhalb von 1 bis 2 Tagen trinken.

Die Saftausbeute bei der Gewinnung von Kräutersäften ist zwar relativ gering, ihre heilende Wirkung jedoch enorm. Am intensivsten schmecken die Säfte von selbst gepflückten und sofort verarbeiteten Kräutern.

Zitrusfrüchte wie Orangen, Grapefruits und Zitronen entsaftet man am einfachsten in speziellen elektrischen Zitruspressen. Bei den neuen Modellen lässt sich der Fruchtfleischgehalt einstellen. Zudem haben sie einen Saftbehälter mit Messskala und Ausgießtülle, so dass man ohne großen Aufwand entsprechende Gelees aus den Säften zubereiten kann.

Fruchtsäfte

Fruchtsäfte können aus einer oder mehreren Fruchtsorten gewonnen werden. Welche Kombinationen Sie wählen, hängt von Ihren Vorlieben ab. Lassen Sie sich von den nachfolgenden Rezepten anleiten und kreieren Sie Ihre eigenen Variationen.

Grundrezept für das traditionelle Entsaften

2 kg Früchte
Wasser
200 g Zucker

FRUCHTSAFT
Auf traditionelle Weise entsaftet man vor allem, wenn aus dem Saft Fruchtgelee hergestellt werden soll.

1 Die Früchte waschen und zerkleinern. Beerenobst muss nicht entstielt, Äpfel und Birnen müssen nicht geschält und entkernt werden.

2 Die Früchte mit wenig Wasser erhitzen, bis sie weich sind.

3 An den Beinen eines auf den Kopf gestellten Küchenhockers ein Gazetuch befestigen und eine Schüssel darunter stellen.

4 Das Fruchtmus darauf gießen, so dass der Saft ablaufen kann. Reife Früchte ergeben den meisten Saft.

5 Den ungezuckerten Saft zur Geleezubereitung verwenden (siehe Seite 36).

6 Den Saft zum Lagern mit dem Zucker aufkochen, heiß in Flaschen füllen und sofort verschließen.

2 *Erhitzen Sie die gewaschenen Früchte in ein wenig Wasser so lange, bis sie weich sind.*

3 *Befestigen Sie ein Gazetuch an den Beinen eines auf den Kopf gestellten Hockers.*

4 *Gießen Sie das Fruchtmus darauf, so dass der Saft in die Schüssel ablaufen kann.*

6 *Füllen Sie den aufgekochten Saft heiß in Flaschen und verschließen Sie diese sofort.*

APFELSAFT (DAMPFENTSAFTEN)

Für 1 Flasche à 1 l

2 kg Äpfel
100 g Zucker

Zubereitung

1 Die Äpfel zerkleinern und mit dem Zucker bestreuen. 2 Stunden ziehen lassen.

2 In den unteren Teil des Entsafters Wasser füllen. In den darüber liegenden Teil die Äpfel geben. 60 bis 75 Minuten dämpfen. 5 Minuten vor Ende des Entsaftens gut 1/4 l Apfelsaft ablassen und über die Äpfel gießen. So erhält der Saft eine gleichmäßige Konsistenz.

3 Den Apfelsaft über einen Schlauch mit Klemme in die vorbereitete Flasche füllen und sofort verschließen.

Tip

Wichtig: Unbedingt die Anleitung des Herstellers lesen.

BROMBEERSAFT (TRADITIONELLE ENTSAFTUNG)

Für 1 Flasche à 1 l

2 kg Brombeeren
1/4 l Wasser
200 g Zucker

Zubereitung

1 Die Brombeeren verlesen, waschen und gut abtropfen lassen. Mit dem Wasser breiig kochen und durch ein Tuch laufen lassen.

2 Den aufgefangenen Brombeersaft mit dem Zucker aufkochen und heiß in die vorbereitete Flasche füllen. Sofort verschließen.

Tip

Für ungezuckerten Brombeersaft das Beerenobst ohne Zuckerzusatz mit dem Wasser breiig kochen und entsaften. Den Saft erkalten lassen, in die vorbereitete Flasche füllen und im Wasserbad bei 75 °C 25 Minuten erhitzen. Dann die Flasche sofort verschließen.

BROMBEEREN

Brombeeren werden auch Kroatzbeeren genannt. Sie lassen sich nur vom Fruchtboden lösen, wenn sie ganz reif sind. Ihre Hauptsaison haben einheimische Brombeeren im August und im September.

Preisgünstig und zeitsparend

Für die traditionelle Entsaftungsmethode benötigt man keine kostspielige Ausrüstung. Sie eignet sich sehr gut für Obstsorten wie Äpfel, Birnen, Pflaumen usw. Ein zeitsparender Vorteil ist, dass das Obst weder geschält noch entstielt oder entkernt werden muss.

HEIDELBEERSAFT (ROHENTSAFTUNG)

Für 1 Flasche à 1 l

2 kg Heidelbeeren
200 g Zucker

Zubereitung

1 Die Heidelbeeren verlesen, waschen und gut abtropfen lassen. Dann mit dem Zucker bestreuen und 2 Stunden ziehen lassen.

2 Die Heidelbeeren entweder portionsweise mit der elektrischen Saftzentrifuge entsaften oder die Beeren mit einem Stabmixer pürieren und durch ein feines Sieb passieren.

3 In die vorbereitete Flasche füllen und diese sofort verschließen.

Tip

Roh entsaftetes Obst ist nur einige Tage lang haltbar. Wichtig: Wenn der Saft länger aufbewahrt werden soll, muss die Flasche im Wasserbad erhitzt werden (zur weiteren Vorgehensweise siehe Brombeersaft).

HEIDELBEEREN

In einigen Gegenden werden sie auch als Blaubeeren oder Bickbeeren bezeichnet. Kulturheidelbeeren sind zwar erheblich größer als wild wachsende Heidelbeeren, enthalten jedoch wesentlich weniger Vitamin C.

HOLUNDERBEERSAFT (ENTSAFTEN IM DAMPFKOCHTOPF)

Für 1 Flasche à 1 l

2 kg reife Holunderbeeren
200 g Zucker
0,2 l Wasser

Zubereitung

1 Die Holunderbeeren waschen und mit einer Gabel von den Rispen streifen.

2 Die Beeren mit dem Zucker bestreuen und zusammen mit dem Wasser in den Dampfkochtopf geben. Bei Kochregler Stufe II 18 Minuten garen (unbedingt die Anleitung des Herstellers lesen).

3 Warten, bis der Druck von selbst zurückgegangen ist, den Topf öffnen und den Einsatz mit den Holunderbeerresten herausnehmen.

4 Den heißen Holunderbeersaft in die vorbereitete Flasche füllen und sofort verschließen.

Tip

Einen erfrischenden Aperitif erhält man, wenn 100 ml Holunderbeersaft mit Sekt oder Champagner aufgegossen wird. Eine Variante bilden schwarze Johannisbeeren, die nach der gleichen Methode zubereitet werden, mit Sekt oder Champagner: So genießen Sie Kir Royal.

Gemüse- und Kräutersäfte

Säfte von Gemüse und Kräutern gewinnt man am besten durch das Dampfentsaften. Kleinere Mengen Gemüsesaft können auch mit der elektrischen Saftzentrifuge zubereitet werden. Gemüse und Kräuter können sowohl separat als auch beliebig miteinander kombiniert entsaftet werden. Folgende Gemüse und Kräuter passen besonders gut zusammen: Gurken und Dill oder Borretsch, Karotten und Petersilie, Knollensellerie und Petersilienwurzel mit Grün, Spargel und Kerbel sowie Tomaten und Basilikum bzw. Schnittlauch.

Gemüse- und Kräutersäfte bieten auch gesundheitliche Vorteile: Sie sind besonders vitamin- und mineralstoffreich und tragen dazu bei, die durch die Zivilisationskost bedingte Übersäuerung des Körpers abzubauen.

FENCHELSAFT

VERWENDUNG
Fenchelsaft eignet sich hervorragend zum Abschmecken und Verfeinern von Fischgerichten.

Für 1 Flasche à 0,7 l

2 kg Fenchel

Zubereitung

1 Den Fenchel putzen, waschen und in kleine Stücke schneiden.

2 In den unteren Teil des Entsafters Wasser füllen. In den darüber liegenden Teil den Fenchel mit dem Fenchelgrün geben und 60 Minuten dämpfen. 5 Minuten vor dem Ende des Entsaftens 1/4 l Fenchelsaft ablassen und über den Fenchel geben, damit der Saft eine einheitliche Konsistenz erhält.

3 Den Fenchelsaft über einen Schlauch mit Klemme in die vorbereiteten Flaschen füllen und sofort gut verschließen.

Tip

Wenn der Gemüsesaft nicht sofort verbraucht wird, muss er unverschlossen bei 100 °C 20 Minuten erhitzt werden. Interessante Säfte kann man auch aus Brennnessel, Melisse, Salbei oder anderen Kräutern gewinnen. Die Vorgehensweise ist wie beim Fenchelsaft. Oder man entsaftet Karotten, Rote Bete oder Tomaten.

Fruchtweine und Fruchtliköre

Zugegeben, die Zubereitung von Fruchtweinen und Fruchtlikören erscheint etwas zeitaufwendig. Doch dafür erhalten Sie Produkte, die es in dieser Form nirgendwo zu kaufen gibt. Selbst gemachte Fruchtweine und -liköre haben einen unvergleichlich feinen Geschmack und fruchtig-aromatischen Duft. Speziell Beerenobst, aber auch Kirschen und Wildfrüchte sind die ideale Basis für Fruchtweine und Fruchliköre. Die wichtigsten Zutaten für die Herstellung von Fruchtweinen sind, neben dem Obst oder den Fruchtsäften, Zucker und Reinzuchthefen. Letztgenannte ermöglichen erst die Gärung.
Die Zubereitung von Fruchtlikören erfolgt mit Zucker, Gewürzen und hochprozentigem Alkohol.

Die Methode des Kelterns

Bei der einfachen Zubereitung von Fruchtwein verdünnt man den Fruchtsaft mit Wasser und gibt ihn zusammen mit Zucker und Reinzuchthefe in den Glasballon. Dieser wird mit einer Gummikappe mit Gäraufsatz luftdicht verschlossen. Bei Zimmertemperatur lässt man den Ballon entsprechend lange stehen, dabei muss er täglich einmal leicht geschwenkt werden. Je nach Zutaten und Weinart – Tischoder Dessertwein – dauert dies 2 bis 4 Wochen bzw. 2 bis 4 Monate. Anschließend wird der Fruchtwein filtriert und wieder in den zuvor sterilisierten Ballon zurückgegossen. Man lässt ihn einige Wochen an einem kühlen Ort (ca. 15 °C) ruhen, filtriert ihn erneut und füllt den Fruchtwein dann in Flaschen ab. Ist er nicht geschwefelt, hält er gut verkorkt einige Monate.

Die Sache mit dem Schwefel

Nur wenn mit höchster Sorgfalt und klinisch sauber gearbeitet wird, die besten Früchte verwendet werden und der Wein höchstens zwei Jahre lang aufbewahrt wird, kann bei der Fruchtweinherstellung auf das Schwefeln verzichtet werden. Denn Schwefel wird benötigt, um die allerorts lauernden Mi-

HEFE
Reinzucht- oder Weinhefen sind als Flüssig- oder Trockenhefen im Weinbedarfshandel oder in Drogerien erhältlich.

kroorganismen im Fruchtsaft und auf den Arbeitsgeräten abzutöten. Für Menschen, die auf Schwefel allergisch reagieren, kommt diese Art der Weinkonservierung allerdings nicht in Betracht. Mittels einer Schwefellösung, hergestellt aus Kaliumdisulfit, Wasser und Zitronen- oder Milchsäure, werden die Arbeitsgeräte sowie der Fruchtsaft selbst behandelt. Schwefel garantiert das Gelingen des Fruchtweins.

Herstellung der Schwefellösung

Kaliumdisulfit – auch Kalifit genannt – ist im Weinbedarfshandel und in Drogerien zu beziehen. Lassen Sie sich dort beraten. Man verwendet auf 0,5 l Wasser 20 g Kaliumdisulfit (20 Tabletten) sowie 1 g Zitronensäure.

SCHWEFEL

Zur besseren Haltbarkeit des Fruchtweins empfiehlt es sich, den Wein mit Kaliumdisulfit zu schwefeln.

Damit die Fruchtweine gelingen

● Die Früchte sollten reif, aber nicht überreif sein. Dann sind sie am aromatischsten.
● Entscheiden Sie, ob Sie den angesetzten Fruchtwein schwefeln wollen.
● Den Glasballon für Fruchtweine fest verschließen, so dass keine Luft eindringen kann.
● Fertige Fruchtweine sollten Sie vor dem Filtrieren und Abfüllen noch einige Wochen kühl ruhen lassen.
● Fruchtweine und -liköre kühl und dunkel aufbewahren.
● Vermerken Sie auf dem Etikett die Fruchtwein- oder Fruchtlikörzutaten und das Datum.
● Kontrollieren Sie Ihre Flaschenvorräte regelmäßig auf Gärprozesse, die zum »Hochschießen« der Korken führen können, und auf Trübungen.

Die Arbeitsgeräte

Zur Fruchtweinherstellung benötigen Sie nur ein ganz spezielles Gefäß. Die übrigen Geräte sind in jedem Haushalt zu finden. Wenn Sie Fruchtweine und -liköre verschenken möchten, lohnt sich des Weiteren die Anschaffung von schönen Flaschen. Das gilt als Grundausstattung:

● Ein großer Glasballon mit einer Gummikappe und einem speziellen Gäraufsatz zur Fruchtweinherstellung.

● Ein entsprechend großer Topf aus Edelstahl zum Kochen der Früchte.

● Eine Fruchtpresse und eine elektrische Saftzentrifuge zur Rohsaftgewinnung.

● Flaschen mit Korken und Glaskaraffen mit Glasstöpseln zum Abfüllen von Fruchtweinen bzw. zum Ansetzen von Fruchtlikören.

● Papierfilter zum Filtrieren.

● Etiketten zum Beschriften der Fruchtweinflaschen und Likörkaraffen.

ARBEITSGERÄTE

Für die Fruchtweinherstellung wird ein großer Glasballon mit einer Gummikappe und einem speziellen Gäraufsatz benötigt.

Tisch- und Dessertwein

Für Tischweine wird der Fruchtsaft mit mehr Wasser verdünnt und weniger Zucker hinzugefügt (1 l Saft plus 2 l Wasser plus 200 g Zucker pro 1 l Tischwein). Dessertweine erhält man, wenn der Fruchtsaft mit weniger Wasser verdünnt und mehr Zucker zugegeben wird (1 l Saft plus 1,5 l Wasser plus 300 g Zucker pro 1 l Dessertwein).

Grundrezept für Fruchtweine

1 Aus dem entsprechenden Obst Saft gewinnen.

2 Wasser mit Zucker aufkochen und abkühlen lassen.

3 Zuckerwasser mit Fruchtsaft vermischen.

4 Die Reinzuchthefe dazugeben.

5 Das Gemisch in den (eventuell mit einer schwefligen Lösung sterilisierten) Glasballon füllen.

6 Gäraufsatz aufsetzen und verschließen.

7 Den Glasballon bei Zimmertemperatur lagern und täglich schwenken, bis die stürmische Gärung beendet ist.

8 Den Fruchtwein filtrieren und wieder in den zuvor sterilisierten Glasballon zurückgießen.

9 Den Fruchtwein weitere 4 Wochen im Glasballon bei etwa 15 °C ruhen lassen.

10 Den Fruchtwein auf zuvor gereinigte und sterilisierte Flaschen abziehen.

ERDBEERWEIN

Für 7 Flaschen à 1 l

2 l Erdbeersaft
4 l Wasser
1,2–1,8 kg Zucker
10 g Reinhefe

Zubereitung

1 Den Erdbeersaft durch Pürieren und Passieren oder durch Rohentsaftung in der Saftzentrifuge herstellen.

2 Das Wasser mit dem Zucker aufkochen und abkühlen lassen. Dann mit dem Erdbeersaft und der Reinhefe vermischen. In den Glasballon füllen und verschließen.

3 Bei Zimmertemperatur gären lassen, bis die Gärgase entwichen sind (und das Glucksen aufhört).

HAGEBUTTENWEIN

HAGEBUTTEN

Hagebutten sind im rohen Zustand ungenießbar. Bei uns werden sie, im Gegensatz zu anderen Ländern, nicht kultiviert. Man findet sie in Parkanlagen und an Waldrändern.

Für ca. 8 Flaschen à 1 l

2 kg Hagebutten
6 l Wasser
2–2,5 kg Zucker
10 g Reinhefe

Zubereitung

1 Hagebutten waschen, von Blüten und Stielen befreien. In den Glasballon füllen.

2 Das Wasser mit dem Zucker aufkochen und abkühlen lassen. Dann mit der Reinhefe vermischen. Über die Hagebutten gießen.

3 Den Glasballon verschließen und bei Zimmertemperatur 6 bis 8 Wochen gären lassen, bis die Gärgase entwichen sind.

Holunderblütensirup

Zutaten: 20–30 Holunderblütendolden, 2,5 l Wasser, Saft von je 1 Orange und 1 Zitrone, 1 kg Zucker, 40 g Ascorbinsäure aus der Apotheke.

Die Holunderblütendolden mit dem Wasser und dem Saft von 1 Zitrone und 1 Orange vermischen. 2 Tage zugedeckt im Kühlschrank ziehen lassen. Dann durch ein Tuch oder einen Filter abgießen, mit Zucker aufkochen. Ascorbinsäure unterrühren. In Flaschen abfüllen. Im Kühlschrank aufbewahren.

Holunderblütensirup zählt von der Zubereitung her nicht zu den vergorenen Fruchtweinen.

Fruchtliköre

Für Fruchtliköre werden Früchte mit Kandiszucker und Gewürzen in Flaschen gefüllt und dann mit hochprozentigem Alkohol aufgegossen. Die Flaschen werden verkorkt oder mit einem Glasstöpsel verschlossen. Je nach Rezept müssen Sie dann bis zu 2 Monate ruhen. Anschließend filtriert man den angesetzten Fruchtlikör, füllt ihn wieder in Flaschen, verschließt diese erneut und lässt ihn ruhen.

APRIKOSENLIKÖR

Für 2 Flaschen à 0,7 l

750 g Aprikosen
150 g weißer Kandiszucker
1 Vanilleschote
0,7 l Weinbrand oder Gin

Zubereitung

1 Die Aprikosen waschen, halbieren, entkernen und zerkleinern. Die Aprikosensteine aufschlagen und den weichen Kern herauslösen.

2 Die Aprikosen mit dem Zucker, der aufgeschlitzten Vanilleschote und den weichen Kernen in eine Flasche füllen. Mit dem Weinbrand oder Gin auffüllen.

3 Die Flasche verschließen. Den Likör an einem dunklen, mäßig warmen Ort ca. 6 Wochen reifen lassen.

4 Dann in eine andere Flasche filtern. Dunkel lagern und noch eine Weile ruhen lassen.

LÖWENZAHNLIKÖR

Für 1 Flasche à 1 l

40 Löwenzahnblüten
150 g weißer Kandis
0,7 l Wodka oder Doppelkorn

Zubereitung

1 Von den Löwenzahnblüten nur die gelben Blütenblätter abzupfen, die grünen Blätter würden den Likör bitter machen.

2 Die Blütenblätter mit dem Kandiszucker in eine Flasche füllen. Mit dem Wodka oder Doppelkorn auffüllen.

3 Die Flasche verschließen und den Likör an einem dunklen, mäßig warmen Ort 2 bis 4 Wochen reifen lassen.

4 In eine andere Flasche filtern. Gut verschlossen aufbewahren.

KRÄUTERLIKÖR

Auch aus Kräutern und Gewürzen lassen sich Liköre zubereiten. Speziell Kräuterliköre sind besonders appetitanregend und verdauungsfördernd.

Früchte in Alkohol

Die Früchte werden entweder roh oder gekocht mit Zucker, Gewürzen und Alkohol in Gläser gefüllt und gut verschlossen. Danach lässt man sie bis zu 6 Monaten durchziehen.

ÄPFEL IN CALVADOS

Für ca. 2 Gläser à 1 l

1 kg feste, säuerliche Äpfel, z. B. Gravensteiner
0,1 l Cidre (Apfelmost)
Saft von 1 Zitrone
300 g Zucker
40 g Rosinen
Calvados

CALVADOSÄPFEL passen zu Gänse-, Enten- und Schweinebraten. Mit Walnuss- oder Pistazieneis kann man sie als Dessert servieren.

Zubereitung

1 Die Äpfel schälen, vierteln, entkernen und in gleich große Spalten oder Würfel schneiden.

2 Den Cidre (Apfelmost) mit dem Zitronensaft, dem Zucker und den Rosinen aufkochen lassen. Die Apfelstücke hinzugeben und in der Mischung glasig garen.

3 Die Früchte in ein Glas füllen. Mit Calvados so hoch auffüllen, dass er 3 cm über den Früchten steht.

4 Gut verschließen. Dunkel und kühl aufbewahren.

Tip

Besonders fein, wenn zusätzlich eine Zimtstange mit erhitzt wird. Allerdings ist es ratsam, sie vor dem Abfüllen der Früchte wieder aus der Fruchtmasse zu nehmen.

KIRSCHEN IN MANDELLIKÖR

Für ca. 2 Gläser à 1 l

500 g Sauerkirschen
300 g Zucker
30 g geschälte Mandeln
1 Vanilleschote
0,7 l Mandellikör

Zubereitung

1 Die Kirschen waschen und gut abtropfen lassen. Die Stiele etwas kürzen.

2 Die Kirschen mit dem Zucker, den Mandeln und der aufgeschlitzten Vanilleschote in ein Glas schichten. Mit Mandellikör füllen.

3 Das Glas gut verschließen und mehrmals hin und her schwenken. Vor dem Verzehr sollten die Kirschen ca. 4 Wochen im Mandellikör durchziehen können.

Der Rumtopf

Das Ansetzen eines Rumtopfs ist die Arbeit eines ganzen Sommers. Begonnen wird mit Erdbeeren. Die makellosen Früchte werden vorsichtig in einen sauberen Rum- oder Steinguttopf gelegt und mit Zucker bestreut (immer die Hälfte des Gewichts der Früchte). Anschließend gießt man mit so viel hochprozentigem Rum auf, dass er 3 cm über den Früchten steht. Sobald sich die Früchte vollgesogen haben und nicht mehr oben schwimmen, verschließt man den Topf mit Cellophan und Küchenschnur. Er sollte an einem dunklen, kühlen Ort gelagert werden. Im Laufe des Sommers werden dann weitere Früchte hinzugefügt.

Tip: Damit die Früchte, die eventuell an der Oberfläche noch schwimmen, nicht zu schimmeln beginnen, den Rumtopf mit einem umgedrehten Porzellanteller beschweren. So werden sie automatisch mit Alkohol bedeckt.

TRADITION

Traditionell entnimmt man die ersten Rumtopffrüchte nicht vor dem 1. Advent.

Die Rumtopffrüchte

Folgendes Obst wird im Laufe des Sommers eingelegt:
Aprikosen – enthäutet, halbiert, entsteint und geviertelt
Johannisbeeren – vorsichtig von den Rispen gezupft
Sauerkirschen – entstielt und entsteint
Birnen – geschält, halbiert, entkernt und in Spalten geschnitten
Zwetschen – halbiert, entsteint und geviertelt

TROCKENFRÜCHTE IN RUM

Für 3 Gläser à 0,5 l

500 g Trockenfrüchte,
z. B. getrocknete Äpfel, Aprikosen und Zwetschen

1/4 l Rotwein

0,7 l weißer Rum

Zubereitung

1 Die Trockenfrüchte zerkleinern und in ein Glas schichten. Den Rotwein darüber gießen und die Früchte über Nacht in der Flüssigkeit ziehen lassen.

2 Mit Rum auffüllen, so dass alle Früchte bedeckt sind, und das Glas gut verschließen. Mindestens noch weitere 5 Wochen durchziehen lassen.

Ein-
legen

in natürliche Konser-
vierungsmittel wie Es-
sig, Salz, Zucker und
Öl ist einfach und
raffiniert zugleich.

Eingelegtes Obst und Gemüse

Von Tomaten über Gewürzgurken und süß-sauer eingelegtes Obst bis hin zu Ziegenkäse in Öl u. a. reicht die Palette der Spezialitäten, die durch Einlegen haltbar gemacht werden. Feine Rezepte aus alten Zeiten werden hier wieder aktuell. Insbesondere das saure oder süß-saure Einlegen von Gemüse und Obst war aus Großmutters Küche nicht wegzudenken. Zwar ist heute diese Art des Haltbarmachens fast in Vergessenheit geraten, dennoch sind gerade Mixed Pickles, Essiggurken & Co. auch in der modernen kalten Küche äußerst beliebt. Und zur Kunst des Einlegens gesellt sich auch die Kunst des Essigmachens. Denn mit Hilfe einer so genannten Essigmutter lässt sich Essig ganz einfach gewinnen. Essig kann mit den interessantesten Geschmacksnuancen hergestellt werden. Und gekaufter Obst-, Weißwein- oder Rotweinessig kann mit Kräutern und Früchten vorzüglich aromatisiert werden.

Die Methoden des Einlegens

Beim Einlegen muss der richtige Sud aus Essig, Salz bzw. Zucker und Gewürzen hergestellt werden. Gemüse und Früchte werden dafür entweder blanchiert oder im Essigsud vorgegart. Dann füllt man sie mit einer Schaumkelle in die vorbereiteten Gläser und erhitzt den Essigsud erneut. Anschließend werden die Gläser mit dem Essigsud aufgefüllt. Dabei müssen Gemüse und Früchte mindestens 1 cm hoch mit dem Essigsud bedeckt sein. Danach werden die Gläser sofort luftdicht verschlossen. Im Gegensatz zum süß-sauren Einkochen müssen bei dieser Methode die gefüllten Gläser im Wasserbad nicht mehr erhitzt werden.

Beim Sauereinlegen gibt es noch die Möglichkeit, das geputzte und zerkleinerte Gemüse über Nacht einzusalzen. Vor dem Weiterverarbeiten sollte es mit Wasser überbraust werden.

EINLEGEN

ist eine Kunst für sich. Wer jedoch einmal selbst eingelegte Gurken oder Maiskölbchen probiert hat, weiß, dass die im Handel erhältlichen Produkte da nicht mithalten können.

Der konservierende Effekt wird beim Einlegen entweder durch Essig (saures Einlegen) oder durch Essig und Zucker (süß-saures Einlegen) erzielt. Essig vermag wie hochprozentiger Alkohol Mikroorganismen abzutöten. Dieser Vorgang wird durch die Zugabe von Zucker noch unterstützt.

Damit das Einlegen gelingt

FÜLLHÖHE
Gemüse und Pilze müssen immer vollständig mit dem Essigsud bedeckt sein, damit sie nicht zu gären beginnen.

● Verwenden Sie nur einwandfreies Gemüse und Obst sowie einen guten, nicht zu scharfen Essig – am besten Wein-, Apfel- oder Obstessig.
● Achten Sie auf Sauberkeit bei der Verarbeitung von Gemüse, Pilzen und Früchten sowie bei allen Arbeitsgeräten.
● Kontrollieren Sie die Gläser vor dem Reinigen auf Absplitterungen.
● Trocknen Sie die gespülten Gläser nie ab, sondern lassen Sie sie auf einem Küchentuch abtropfen.
● Schlagen Sie die Gläser beim Einfüllen von rohem Gemüse oder gekochtem Obst ohne Garsud auf einem Tuch vorsichtig auf, damit sich das Einfüllgut gleichmäßig setzen kann.
● Verwenden Sie immer genau die im Rezept angegebenen Essigmengen, damit das Eingelegte auch tatsächlich haltbar bleibt.
● Stellen Sie die Gläser beim Einfüllen auf ein nasswarmes Küchentuch, damit sie nicht springen.
● Bewahren Sie die Gläser an einem kühlen, dunklen Ort auf. Sauer oder süß-sauer Eingelegtes ist einige Monate lang haltbar.
● Vermerken Sie auf dem Etikett Zubereitungsart und Datum der Abfüllung.
● Kontrollieren Sie Ihre Vorräte regelmäßig auf Verderb.
● Bewahren Sie einmal geöffnete Gläser unbedingt im Kühlschrank auf.
● Eingelegtes sollten Sie immer mit einem sauberen Löffel oder einer Gabel entnehmen.

Die Arbeitsgeräte

Spezielle Arbeitsgeräte werden fürs Einlegen nicht benötigt. Was Sie jedoch bereitstellen sollten, sind:

● Einen entsprechend großer Topf aus Edelstahl zum Aufkochen des Essigs oder der Essig-Zucker-Lösung.

● Einen Schaumlöffel, am besten ebenfalls aus Edelstahl, zum Hineinlegen und Herausheben von Gemüse, Pilzen und Obst in den und aus dem heißen Garsud.

● Ein feines Sieb zum eventuellen Durchseihen des fertigen Garsudes.

● Sauber gespülte Gläser mit Twist-off-Deckeln zum Einfüllen des Einleggutes.

● Eventuell auch Einmachcellophan und Gummiringe zum Verschließen der Gläser.

● Etiketten zum Beschriften des Eingelegten mit Inhalt und Datum der Abfüllung.

Ganz wichtig!

Kupfer-, Messing- und Aluminiumtöpfe sollten Sie auf keinen Fall zum Einkochen mit Essig verwenden. Sie sind zur Zubereitung von Essig- und Essig-Zucker-Lösungen ungeeignet, da die Essigsäure diese Materialien angreift. Dies führt zur Beschädigung des Kochgeschirrs und eventuell sogar zu gesundheitlichen Beeinträchtigungen durch Schwermetalle.

Welches Obst und welches Gemüse eignet sich zum Einlegen?

Zum Einlegen eignen sich alle besonders festen Gemüsesorten wie beispielsweise kleine Gurken, grüne Tomaten, Paprika, Kürbis und Blumenkohlröschen. Sie können aber auch nicht zu weit geöffnete Pilze, verschiedene frische Kräuter und Früchte, beispielsweise Birnen, Quitten oder Kirschen, zum Einlegen verwenden. Je nach Kombination der verwendeten Kräuter und Gewürze kann man immer wieder neue Einlegvarianten erhalten. Die Methode des Einlegens richtet sich nach dem Ausgangsprodukt. Sowohl Obst als auch Gemüse kann süß-sauer in einer Essig-Zucker-Lösung eingelegt werden. Im Gegensatz dazu werden nur Gemüse und Pilze sauer eingelegt, also in eine Essiglösung mit Gewürzen und Kräutern. Obst hingegen eignet sich nicht für das saure Einlegen.

GEMÜSE

Damit das Einlegen garantiert gelingt, sollte man nur einwandfreies und ungespritztes Gemüse verwenden.

Sauer eingelegtes Gemüse und Pilze

Gemüse und Pilze werden geputzt und 1 bis 2 Tage in Salzwasser oder einfach mit Salz eingelegt. Anschließend wäscht man sie gründlich und schichtet sie abwechselnd mit Kräutern und Gewürzen in Gläser und füllt diese mit dem durchgesiebten heißen Essigsud auf. Das Gemüse muss dabei vollständig bedeckt sein. Je nach Rezept werden die Gläser sofort oder erst nach dem Auskühlen verschlossen. Eventuell ist es ratsam, den ganzen Vorgang noch einmal zu wiederholen, um die Haltbarkeit des Eingemachten sicher zu garantieren.

Man kann Gemüse und Pilze aber auch in einer mit Gewürzen und Kräutern versehenen Essiglösung glasig garen. Dann werden sie gut abgetropft in Gläser gefüllt, mit der eingekochten Essiglösung aufgegossen und fest verschlossen gelagert.

Grundrezept für sauer Eingelegtes

1 kg Gemüse
1/2 l Essig (5%ig)
1/4 l Wasser
Gewürze
Kräuter
Salz

1. Möglichkeit:

1 Das Gemüse putzen, waschen und zerkleinern.
2 Den Essig mit den übrigen Zutaten aufkochen. Das Gemüse darin garen.
3 Das Gemüse mit einer Schaumkelle in Gläser schichten.
4 Den Essigsud nochmals aufkochen.
5 Die Gläser mit dem Essigsud auffüllen.
6 Das Gemüse muss mindestens 1 cm hoch mit dem Essigsud bedeckt sein.
7 Die Gläser gut verschließen und kühl aufbewahren, damit das Eingelegte gut hält.

1 *Putzen, waschen und zerkleinern Sie das Gemüse je nach Geschmack.*

2 *Kochen Sie den Essig mit den übrigen Zutaten auf und garen Sie das Gemüse darin.*

3 *Schichten Sie das Gemüse mit einer Schaumkelle in die Gläser.*

5 + 6 *Füllen Sie die Gläser mit reichlich Essigsud auf.*

2. Möglichkeit:

1 Das Gemüse oder die Pilze putzen, waschen und, falls nötig, noch zerkleinern.

2 Das Gemüse in Salzwasser blanchieren, in Eiswasser abschrecken und gut abtropfen lassen.

3 Das Gemüse in Gläser schichten.

4 Den Essig mit den übrigen Zutaten aufkochen.

5 Die Gläser mit dem Essigsud auffüllen.

6 Das Gemüse muss mindestens 1 cm hoch mit dem Essigsud bedeckt sein.

7 Die Gläser gut verschließen und an einem kühlen Ort aufbewahren.

GEWÜRZKÜRBIS

Für 2 Gläser à 1 l

1 kg Kürbis, vorbereitet gewogen
1/2 l Essig (5%ig)
1/4 l Wasser
1–2 Lorbeerblätter
ein paar Pfefferkörner
1 Stück getrockneter Ingwer
Salz

KÜRBISSE

Besonders gut zum Einlegen eignen sich Kürbisse, da sie selbst nicht viel Eigengeschmack haben. Mit den unterschiedlichsten Gewürzen lassen sich immer wieder neue Kürbisvarianten zubereiten.

Zubereitung

1 Das Kürbisfleisch in Stifte, Blättchen oder Rauten schneiden. Salzen und über Nacht durchziehen lassen. Dann mit kaltem Wasser überbrausen und gut abtropfen lassen.

2 Den Essig mit den übrigen Zutaten, mit Ausnahme von Salz, aufkochen. Die Kürbisstücke in dem Essig-Gewürz-Sud glasig garen.

3 Die Kürbisstücke mit einer Schaumkelle in Gläser füllen. Den Essigsud nochmals aufkochen und die Gläser damit auffüllen. Die Kürbisstücke müssen mindestens 1 cm hoch mit dem Sud bedeckt sein.

4 Die Gläser gut verschließen und kühl lagern. Nach 5 Tagen den Essigsud abgießen, erneut aufkochen, abschäumen und die Gläser wieder damit auffüllen. Die Gläser verschließen und kühl aufbewahren.

Tip

Den Essigsud nach dem nochmaligen Aufkochen durch ein Sieb gießen, um die Gewürze zu entfernen. So verhindern Sie, dass die Gewürze später einen allzu dominanten Geschmack im Glas entfalten.

MIXED PICKLES

Für 2 Gläser à 1 l

1 kg Gemüse, z. B. Einleggurken, Perlzwiebeln, Paprikaschote, Karotten, Blumenkohlröschen, Erbsen, Maiskölbchen
1/2 l Essig (5%ig)
1/4 l Wasser
1–2 Lorbeerblätter
Pfeffer- und Senfkörner
ein paar Zweige Dill und Estragon
Salz

Zubereitung

1 Das Gemüse putzen und mundgerecht zerkleinern. Separat in Salzwasser blanchieren und in Eiswasser abschrecken, gut abtropfen lassen. In Gläser schichten.

2 Den Essig mit den übrigen Zutaten aufkochen. Die Gläser damit auffüllen. Die Mixed Pickles müssen mindestens 1 cm hoch mit dem Sud bedeckt sein.

3 Die Gläser gut verschließen und kühl aufbewahren.

Tip

Sud mit Zucker würzen.

PILZE MIT KRÄUTERN

Für 2 Gläser à 0,5 l

1 kg kleine, feste Pilze, z. B. Pfifferlinge, Steinpilze, Champignons und Rotkappen
100 g Schalotten
1/8 l Weinessig
1/8 l Wasser
1–2 Lorbeerblätter
ein paar Zweige Thymian und Estragon
abgeriebene Schale von 1/2 unbehandelten Zitrone
Salz

Zubereitung

1 Die Pilze putzen, vorsichtig waschen und in gleich große Stücke schneiden. Die Schalotten schälen und vierteln. Separat ca. 3 Minuten blanchieren und in Eiswasser abschrecken, gut abtropfen lassen.

2 Den Weinessig mit den übrigen Zutaten aufkochen. Die Pilze und die Schalotten ca. 10 Minuten in dem Weinessigsud garen.

3 Die Pilze und Schalotten mit einer Schaumkelle in Gläser schichten. Den Essigsud nochmals aufkochen lassen und die Gläser damit auffüllen. Die Pilze müssen mindestens 1 cm hoch mit dem Sud bedeckt sein.

4 Die Gläser gut verschließen und kühl lagern.

VIELSEITIG

Eingelegte Pilze passen gut zu kalten Braten wie beispielsweise gefüllter Kalbsbrust oder Schweinebraten.

GRÜNE TOMATEN

SAISONENDE

Das Einlegen ist eine hervorragende Möglichkeit, am Ende der Saison die nicht mehr gereiften kleinen grünen Tomaten zu verarbeiten.

Für 2 Gläser à 1 l

1 kg kleine grüne Tomaten
1/2 l Essig (5%ig)
1/4 l Wasser
1–2 Lorbeerblätter
Pfefferkörner
Salz
ein paar Zweige Petersilie und Basilikum
100 g Zwiebelwürfelchen

Zubereitung

1 Die Tomaten waschen. Den Essig mit den übrigen Zutaten, bis auf die Kräuter und Zwiebelwürfelchen, aufkochen. Die Tomaten bei geringer Hitze 5 Minuten darin köcheln lassen.

2 Die Tomaten mit einer Schaumkelle in Gläser schichten. Dabei Petersilie und Basilikum hinzufügen.

3 Den Essigsud mit den Zwiebelwürfelchen nochmals aufkochen. Die Einleggläser damit auffüllen. Die Tomaten müssen mindestens 1 cm hoch mit dem Sud bedeckt sein.

4 Die Gläser gut verschließen und kühl aufbewahren.

SOLEIER IN KRÄUTERESSIG

Für 2 Gläser à 0,5 l

15 Eier
1/2 l Kräuteressig
fein gezupfter Dill und Petersilienblätter
1/4 l Wasser
1–2 Lorbeerblätter
Pfeffer- und Senfkörner
Salz

Zubereitung

1 Die Eier hart kochen, abschrecken, schälen und mit Dill und Petersilienblättern in Gläser schichten.

2 Den Kräuteressig mit den übrigen Zutaten aufkochen und kräftig abschmecken. Die Gläser damit auffüllen. Die Eier müssen mindestens 1 cm hoch mit dem Sud bedeckt sein.

3 Die Gläser gut verschließen und kühl aufbewahren. Die Eier ca. 2 Wochen in dem Sud ziehen lassen.

Tip

Eine reizvolle Abwechslung können Sie erzielen, wenn Sie Dill und Petersilie durch andere Kräuter ersetzen. Sehr gut eignen sich dazu fein gehackter Borretsch oder Estragonblättchen.

> ## Ganz wichtig!
> Sauer eingelegtes Gemüse kann ebenso süß-sauer eingelegt werden. Dafür gibt man zum Essigsud (1/2 l Essig plus 1/4 l Wasser) 80 bis 100 g Zucker und kocht ihn mit auf.

TOMATEN-PEPERONI

Für 2 Gläser à 1 l

600 g grüne, rote und gelbe Paprikaschoten
300 g kleine, feste Tomaten, z. B. kleine Strauch- oder Kirschtomaten
2–3 Knoblauchzehen
1/2 l Essig (5%ig)
1/4 l Wasser
1–2 Lorbeerblätter
Pfefferkörner
Salz
100 g Zwiebelwürfelchen

Zubereitung

1 Paprikaschoten putzen, vierteln, entkernen und klein schneiden. Die Tomaten halbieren und den Blütenansatz entfernen. Knoblauchzehen schälen und halbieren.

2 Essig mit den übrigen Zutaten, bis auf die Zwiebelwürfelchen, aufkochen. Paprikaschoten bei geringer Hitze ca. 8 Minuten darin köcheln lassen. Nach der Hälfte der Garzeit die Tomaten und den Knoblauch hinzufügen.

3 Das Gemüse, einschließlich dem Knoblauch, mit einer Schaumkelle in Gläser schichten. Den Essigsud mit den Zwiebeln nochmals aufkochen lassen, die Gläser damit auffüllen. Das Gemüse muss mindestens 1 cm hoch damit bedeckt sein.

4 Die Gläser gut verschließen und an einem kühlen Ort aufbewahren.

VERWENDUNG

Tomaten-Peperoni passen hervorragend zu gegrilltem Schweinefleisch und Geflügel sowie zu Fleischspießchen vom Grill.

Süß-sauer eingelegtes Obst und Gemüse

Der Unterschied zu sauer Eingelegtem besteht im Zusatz von Zucker. Ansonsten gibt es wie beim Sauereinlegen die Möglichkeit, Früchte und Gemüse im Essig-Zucker-Sud zu garen, sie herauszuheben und in Gläser zu füllen. Der Essig-Zucker-Sud wird eingekocht, die Gläser werden mit dem Einleggut randvoll aufgefüllt und dann verschlossen. Oder Gemüse und Früchte werden roh oder vorgegart in Gläser gefüllt und mit einer heißen Essig-Zucker-Lösung aufgegossen.

Grundrezept für süß-sauer Eingelegtes

1 kg Obst oder Gemüse
1/2 l Essig
1/4 l Wasser
Gewürze
Kräuter
Zucker

1 Das Obst oder das Gemüse putzen, waschen und bei Bedarf zerkleinern.

2 Den Essig mit den übrigen Zutaten aufkochen. Das Obst oder Gemüse darin garen.

3 Das Obst oder das Gemüse mit einer Schaumkelle in Gläser schichten.

4 Den Essigsud nochmals aufkochen.

5 Die Gläser mit dem Essigsud auffüllen.

6 Das Obst oder das Gemüse muss mindestens 1 cm hoch mit dem Essigsud bedeckt sein.

7 Die Gläser gut verschließen und kühl aufbewahren.

ESSIGZWETSCHEN

VIELSEITIG

Essigzwetschen harmonieren sehr gut mit Wildgerichten wie beispielsweise Rehkeule in Wacholderrahm oder Hirschkalbsteak mit Rahmpfifferlingen.

Für 2 Gläser à 0,5 l

1 kg Zwetschen
1/4 l Obst- oder Weinessig
300 g Zucker
1 Stange Zimt
ein paar Gewürznelken

Zubereitung

1 Die Zwetschen waschen, halbieren und entkernen. Ein paar Kerne aufschlagen. Den Essig anschließend mit den übrigen Zutaten aufkochen. Die Zwetschen bei geringer Hitzezufuhr ca. 15 Minuten darin weich garen.

2 Die weich gegarten Zwetschen mit einer Schaumkelle in Gläser füllen, dabei die aufgeschlagenen Zwetschenkerne hinzufügen.

3 Den Essigsud nochmals aufkochen lassen und die mit den Früchten gefüllten Gläser damit auffüllen. Die Zwetschen müssen mindestens 1 cm hoch mit dem Essigsud bedeckt sein.

4 Die Gläser gut verschließen, abkühlen lassen und an einem kühlen Ort aufbewahren.

BIRNEN UND QUITTEN MIT WACHOLDER

Für 2 Gläser à 1 l

| je 500 g Birnen und Birnenquitten |
| 1/2 l Obstessig |
| 1/4 l Wasser |
| 200 g Zucker |
| 1 Stange Zimt |
| ein paar Gewürznelken |
| abgeriebene Schale von 1/2 unbehandelten Zitrone |
| Wacholderbeeren |
| Salz |

Zubereitung

1 Die Früchte schälen, vierteln, entkernen, in gleich große Stücke schneiden.

2 Den Obstessig mit den übrigen Zutaten aufkochen. Die Birnenquitten ca. 20 Minuten darin glasig garen. Nach der Hälfte der Garzeit die Birnen hinzufügen.

3 Die Früchte mit einer Schaumkelle in Gläser schichten. Den Essigsud aufkochen und abschmecken. Die Gläser damit auffüllen. Die Früchte müssen mindestens 1 cm hoch mit dem Sud bedeckt sein.

4 Die Gläser gut verschließen und kühl aufbewahren.

WACHOLDERBEEREN

Wacholder gehört zu den Waldhölzern, daher ist seine »Frucht« nur eine Scheinbeere. Wacholderbeeren werden bevorzugt zum Würzen verwendet. Aus ihnen wird aber auch Öl oder Branntwein hergestellt.

SENFGURKEN

Für 2 Gläser à 1 l

| 1 kg große reife Gurken |
| 1/2 l Weinessig |
| 1/4 l Wasser |
| 80 g Zucker |
| 100 g Perlzwiebeln |
| 1–2 Lorbeerblätter |
| Pfeffer-, Senf- und Pimentkörner |
| Salz |

Zubereitung

1 Die Gurken schälen, halbieren und die Kerne mit einem Löffel herausschaben. Das Gurkenfleisch in gleich große Stücke schneiden. Salzen und 2 Stunden ziehen lassen. Dann mit kaltem Wasser überbrausen und gut abtropfen lassen.

2 Den Weinessig mit den übrigen Zutaten aufkochen. Die Gurkenstücke darin glasig garen. Mit einer Schaumkelle in Gläser schichten.

3 Den Essigsud nochmals aufkochen. Die Gläser damit auffüllen. Die Gurkenstücke mindestens 1 cm hoch mit dem Sud bedecken.

4 Die Gläser gut verschließen und kühl aufbewahren.

Tip

Borretsch macht Senfgurken besonders aromatisch.

KRÄUTERKNOBLAUCH

Die Häutchen zwischen den einzelnen Knoblauchzehen sollten leicht rosa und nicht weiß sein. Knoblauchknollen sollte man immer trocken und luftig aufbewahren.

Für 2 Gläser à 0,5 l

1 kg Knoblauch
1/2 l Kräuteressig
1/4 l Wasser
40 g Zucker
20 g Salz
Senfkörner
Rosmarinnadeln

Zubereitung

1 Die Knoblauchzehen schälen. Den Kräuteressig mit den übrigen Zutaten aufkochen. Den Knoblauch 5 Minuten darin garen. Dann mit einer Schaumkelle aus dem Sud nehmen und in Gläser schichten.

2 Den Kräuteressigsud nochmals aufkochen lassen. Die Gläser damit auffüllen. Der Knoblauch muss mindestens 1 cm hoch mit dem Sud bedeckt sein.

3 Die Gläser gut verschließen und kühl aufbewahren.

Tip

Vor dem Verschließen der Gläser jeweils einen Esslöffel Öl hinzufügen. Der eingelegte Knoblauch kann auf diese Art als pikante Beilage zu gebratenem oder gegrilltem Lamm- und Schweinefleisch serviert werden.

KIRSCHEN, SÜSS-SAUER

Für 2 Gläser à 0,5 l

1 kg Sauerkirschen, z. B. Weichseln
1/4 l Wein- oder Obstessig
300 g Zucker
1 Stange Zimt
ein paar Gewürznelken

Zubereitung

1 Die Kirschen waschen, entstielen und entkernen. Den Essig mit den übrigen Zutaten aufkochen. Die Kirschen ca. 10 Minuten darin weich garen. Mit einer Schaumkelle in Gläser füllen.

2 Den Essigsud nochmals aufkochen. Die Zimtstange herausnehmen. Dann die Gläser damit auffüllen. Die Kirschen müssen mindestens 1 cm hoch mit dem Sud bedeckt sein.

3 Die Gläser gut verschließen und kühl aufbewahren.

Tip

Reife Birnen eignen sich ebenso für dieses Rezept. Süß-sauer eingelegtes Obst ist eine schmackhafte Beilage etwa zu gebratenem Rindfleisch oder Wild.

Essig selber machen

Essig kann man auch auf einfache Weise mit einer so genannten Essigmutter aus der Apotheke selbst herstellen. Dazu werden Wein, Rotwein oder gegorener Apfelmost mit der Essigmutter vermischt. Dann lässt man das Gemisch bei 25 bis 30 °C ca. 3 bis 4 Wochen gären.

Eine andere Methode ist, Früchte mit Zucker und Wasser in eine Flasche zu füllen und vergären zu lassen, bis sich die Früchte am Boden absetzen. Der Saft wird durch ein Sieb gegossen, wieder zurückgefüllt und stehen gelassen, bis sich eine Essigmutter gebildet und sich ein trüber Satz auf dem Flaschenboden abgesetzt hat. Diesen Vorgang so lange wiederholen, bis der Fruchtessig klar ist.

GÄRGAS

Das Gärgefäß darf nur locker verschlossen werden, da sich Gärgase bilden, die so stark sind, dass sie beispielsweise einen Korken zum »Hochschießen« bringen können.

Was ist eine Essigmutter?

Unter einer Essigmutter versteht man ein gallertartiges Häutchen, das in jedem Essig enthalten ist. Die Essigmutter wird für den gesamten Gärprozess benötigt. Mit ihr kann eine Zeit lang immer wieder neuer Essig hergestellt werden. Die Essigmutter wird zusammen mit Wasser und verdünntem Wein in eine bauchige Flasche gefüllt. Danach lässt man den Essig wie beschrieben gären. Das Verhältnis Wein zu Wasser sollte dabei immer 60 zu 40 Prozent betragen.

WEISSWEINESSIG/APFELESSIG

Für 2 Flaschen à 0,5 l

0,6 l einfacher Tafelwein (nur gering geschwefelt) oder Apfelwein
0,4 l Wasser
Essigmutter aus der Apotheke

Zubereitung

1 Den Trauben- bzw. Apfelwein mit dem Wasser und der Essigmutter in eine große bauchige Flasche füllen. Sie sollte nur zur Hälfte gefüllt sein. Die Flasche mit einem Wattebausch locker verschließen.

2 Den Essigansatz an einem warmen Ort ca. 3 bis 4 Wochen gären lassen, dabei täglich schütteln. Dann durch einen Papierfilter in kleinere Flaschen umfüllen und gut verschließen.

101

Aromatisierter Essig

Fertig gekaufter Weißwein-, Rotwein- oder Obstessig lässt sich ganz einfach mit Kräutern und Früchten aromatisieren. Dafür muss man beispielsweise Rotweinessig nur ein paar Zweige frischen Thymian zusetzen. Die Flasche wird wieder gut verschlossen. Dann lässt man den Essig ein paar Wochen an einem sonnigen Plätzchen durchziehen, und schon ist der Thymianessig fertig.

Man kann den Essig aber auch mit ein paar Kräuterzweigen, wie beispielsweise Estragon, aufkochen und ihn 2 bis 3 Stunden ziehen lassen. Anschließend werden die Kräuter herausgenommen und der Estragonessig in eine Flasche gefüllt. Damit der Essig attraktiv aussieht, kann man ein paar Zweige frischen Estragon mit in die Flasche geben.

HIMBEERESSIG

Für ca. 1 Flasche à 1 l

125 g frische oder tiefgefrorene Himbeeren

0,7 l Weißweinessig

Zubereitung

Die Himbeeren in eine Flasche füllen und mit dem Essig aufgießen. Etwa 3 Wochen ziehen lassen.

JOHANNISBEERESSIG

Für ca. 1 Flasche à 1 l

125 g Johannisbeeren

0,7 l Obstessig

Zubereitung

Die Johannisbeeren in eine Flasche füllen und mit dem Essig aufgießen. Etwa 3 bis 4 Wochen ziehen lassen.

VEILCHENESSIG

Für ca. 1 Flasche à 1 l

2–3 Hand voll ungespritzte Veilchenblüten

0,7 l Weißweinessig

Zubereitung

Die Blüten in eine Flasche füllen und diese mit dem Essig aufgießen. An einem sonnigen, warmen Platz 3 bis 4 Wochen ziehen lassen.

Das Einlegen in Öl

Diese Konservierungsmethode ist ebenfalls ganz einfach durchzuführen und gelingt leicht. Spezielle Arbeitsgeräte werden dafür nicht benötigt. Wie Essig hat auch Öl eine konservierende Wirkung. Sie beruht auf dem völligen Luftabschluss des Einleggutes. Das Wachstum von Mikroorganismen wird dadurch gehemmt, und sauerstoffabhängige Mikroorganismen sterben ab.

Welche Produkte eignen sich zum Einlegen in Öl?

Zum Einlegen in Öl bieten sich alle Produkte an, die anschließend darin gegart oder mit dem Öl verzehrt werden können. Ein klassisches Beispiel, wie sich in Öl Eingelegtes attraktiv anbieten lässt, sind die Antipastivitrinen der italienischen Restaurants. Ob Gemüse, Pilze, Käse oder Fisch, die meisten der hier offerierten Produkte sind vorgegart und in Öl eingelegt.

Man kann Produkte wie beispielsweise Kräuter und Käse ohne große Vorbehandlung in Öl einlegen. Gemüse und Pilze werden in der Regel bissfest sautiert und erst dann mit Öl bedeckt und gut verschlossen. Damit sich das Aroma voll entwickeln kann, muss in Öl Eingelegtes ein paar Tage durchziehen. Öl lässt sich aber auch wie Essig mit Kräutern, Knoblauch, Schalotten und Gewürzen aromatisieren.

Damit das Einlegen in Öl gelingt

● Verwenden Sie nach Möglichkeit hochwertige, kaltgepresste Öle, wie zum Beispiel extra natives Olivenöl (Olio extra vergine di Oliva) zum Einlegen.

● Kontrollieren Sie Gläser und Flaschen vor dem Reinigen auf Absplitterungen.

● Trocknen Sie die gespülten Gläser und Flaschen nie ab, sondern lassen Sie sie auf einem Küchentuch abtropfen.

● Die Zutaten müssen immer mit Öl bedeckt sein. Notfalls etwas Öl nachgießen.

● In Öl Eingelegtes kühl und dunkel lagern.

● Einmal geöffnete Gläser gehören in den Kühlschrank. Den Inhalt innerhalb einer Woche verbrauchen.

ÖL
Während sich zum Einlegen von Käse vor allem Olivenöl anbietet, kann für Gemüse auch hochwertiges Distel- oder Sonnenblumenöl verwendet werden.

ANTIPASTI

Für 2 Gläser à 0,5 l

1 kg Gemüse, z. B. Karotten, Blumenkohl- und Romanesco-röschen, Zucchini, Auberginen, Pilze und Perlzwiebeln

fein gehackter Knoblauch

Salz

Pfeffer

Oregano- und Basilikumblättchen

kaltgepresstes Olivenöl

Zubereitung

1 Das Gemüse putzen, waschen und in mundgerechte Stücke schneiden. Dann in wenig Öl kurz andünsten. Das Gemüse mit Knoblauch, Salz und Pfeffer würzen.

2 Das Gemüse mit den Kräutern bestreuen und in Gläser schichten. Mit Olivenöl auffüllen. Das Gemüse muss vollständig mit dem Öl bedeckt sein.

3 Die Gläser luftdicht verschließen, kühl lagern.

Tip

Die Kräuter immer wieder variieren.

KNOBLAUCHZEHEN IN ÖL

Für 2 Gläser à 0,5 l

Knoblauchzehen

Thymianblättchen

Rosmarinnadeln

kaltgepresstes Olivenöl

Zubereitung

1 Die frischen Knoblauchzehen schälen und kurz blanchieren. Abkühlen lassen. Mit den Kräutern in ein Glas schichten.

2 Mit Olivenöl auffüllen. Die Knoblauchzehen müssen vollständig mit dem Öl bedeckt sein.

3 Luftdicht verschließen und kühl lagern.

Aromatisiertes Öl

Nehmen Sie ein paar Kräuterstängel Ihrer Wahl, eventuell geschälte Knoblauchzehen oder Schalotten, Pfefferkörner, Nelken oder Sternanis, und geben Sie sie in eine Flasche. Füllen Sie diese mit kaltgepresstem Öl auf, verschließen Sie die Flasche und lassen Sie das Öl einige Wochen durchziehen. Dann das Öl durchsieben und zurück in die Flasche füllen. Wenn die Kräuter längere Zeit in der Flasche bleiben, wird das Aroma leicht zu kräftig.

PILZE IN ÖL

Für 2 Gläser à 0,5 l

1 kg Pilze, z. B. Steinpilze, Pfifferlinge und Stockschwämmchen
100 g Zwiebelwürfelchen
Salz
Pfeffer
glatte Petersilie
kaltgepresstes Olivenöl

Zubereitung

1 Die Pilze putzen und mit Küchenkrepp säubern. Eventuell kurz überbrausen und gut abtropfen lassen.

2 Die Zwiebelwürfelchen in wenig Öl anschwitzen. Die Pilze hinzufügen und darin schwenken. Mit Salz und Pfeffer würzen.

3 Die austretende Pilzflüssigkeit vollständig einkochen lassen. Die Pilze erst ganz zuletzt mit fein gehackter Petersilie bestreuen.

4 Die Pilze in Gläser schichten und mit Olivenöl auffüllen. Sie müssen vollständig damit bedeckt sein.

5 Die Gläser luftdicht verschließen und kühl aufbewahren.

Tip

Zum Braten der Pilze ist es ratsam, eine möglichst große Pfanne zu nehmen, damit die Pilzflüssigkeit rasch und vollständig verdampft.

ZIEGENKÄSE IN ÖL

Für 2 Gläser à 0,5 l

500 g Ziegenkäse
2 Knoblauchzehen
Thymian-, Basilikum- und Petersilienblättchen
Pfefferkörner
0,1 kaltgepresstes Olivenöl
0,4 l Sonnenblumenöl

Zubereitung

1 Den Ziegenkäse in große Stücke schneiden. Den Knoblauch schälen und in Scheiben schneiden.

2 Den Ziegenkäse mit dem Knoblauch, den Kräutern und Pfefferkörnern in ein Glas schichten. Mit dem Öl auffüllen. Der Käse muss vollständig bedeckt sein.

3 Gut zugedeckt im Kühlschrank ziehen lassen.

Tip

Auf die gleiche Weise lassen sich auch Feta-Käse (Schafskäse) und Mozzarella einlegen. Rosmarin und Oregano sind besonders gut dazu geeignete Krautervarianten.

KÄSE

In Öl eingelegten Käse kann man nach dem Abtropfen im vorgeheizten Backofen bis zur Bräunung überbacken. Auf Blattsalaten angerichtet schmeckt er besonders gut.

105

RATATOUILLE-GEMÜSE

VERWENDUNG
Diese französische Gemüsespezialität passt besonders gut zu gegrillten Lammkoteletts.

Für 2 Gläser à 0,5 l

je 1 rote, grüne und gelbe Paprikaschote
je 1 Zucchini und Aubergine
3 Tomaten
100 g Zwiebelwürfelchen
fein gehackter Knoblauch
Salz
Pfeffer
Oregano-, Thymian- und Basilikumblättchen
Olivenöl

Zubereitung

1 Die Paprikaschoten vierteln, entkernen, waschen und in 1 cm große Würfel schneiden. Zucchini und Aubergine waschen und mit der Schale ebenfalls in 1 cm große Würfel schneiden.

2 Von den Tomaten den Stielansatz entfernen. Die Tomaten blanchieren und in Eiswasser abschrecken. Dann enthäuten und vierteln. Die Kerne und Innenrippen mit einem Löffel herausschaben. Das Fruchtfleisch in 1 cm große Würfel schneiden.

3 Die Zwiebelwürfelchen in wenig Öl anschwitzen. Die Paprikaschoten hinzufügen und kurz mitdünsten. Auberginen- und Zucchiniwürfel dazugeben und das Gemüse 5 Minuten dünsten. Mit Salz und Pfeffer kräftig würzen. Abkühlen lassen.

4 Die Tomatenwürfel und Kräuter unter das erkaltete Gemüse mischen. In Gläser schichten und mit Öl auffüllen. Das Gemüse muss vollständig damit bedeckt sein.

5 Die Gläser luftdicht verschließen und kühl aufbewahren.

Tip

Zum Dünsten des Gemüses sollten Sie einen möglichst breiten Topf wählen, damit der austretende Saft schnell verdampft. Bei der Wahl des Öls sollte man auf keinen Fall sparen und nur qualitativ hochwertige Produkte, also kaltgepresstes Oliven-, Distel- oder Sonnenblumenöl, verwenden.

Ganz wichtig!

Kräuter und Früchte fürs Aromatisieren von Essig oder von Öl müssen vorher gründlich gewaschen und mit Küchenkrepp sorgfältig trockengetupft werden.

Chutneys, Relishes und Ketchup

Chutneys, Relishes und Ketchup zählen zu denWürzsaucen. Bei uns wohl am bekanntesten und gebräuchlichsten ist das Ketchup – und zwar vorzugsweise das Tomatenketchup. Chutneys und Relishes sind ursprünglich indische Spezialitäten, die einst von den Engländern übernommen wurden. Daher findet man speziell in England die verschiedensten Chutney- und Relish-Varianten. Hauptkomponenten dieser Würzsaucen sind Früchte und Gemüse sowie die unterschiedlichsten Gewürze. Sie bestimmen ihre Schärfe. Die konservierende Wirkung wird durch die Zugabe von Essig und Zucker erzielt.

Die Herstellung von Chutneys und Relishes

Die Grundlage für Chutneys sind vor allem frische oder getrocknete Früchte. Mit Zucker, Essig und Gewürzen werden sie breiig gekocht. Es gibt ganz milde Varianten, wie beispielsweise das Mango-Chutney, und ganz kräftig scharfe Chutneys mit stückigen Pfefferschoten.

Relishes sind nicht ganz so dick wie Chutneys und werden vorwiegend mit Gemüse zubereitet. Sie haben meist einen süß-sauren Geschmack.

Tomaten sind die Hauptzutat für Ketchup. Es hat eine dickflüssige Konsistenz.

Daneben gibt es noch weitere Würzsaucen, die bei uns sehr beliebt sind. Zu ihnen zählen auch die zwei italienischen Spezialitäten Pesto und Salsa Verde.

Damit die Würzsaucen gelingen

● Verwenden Sie einen guten, nicht zu scharfen Essig – am besten Wein-, Apfel- oder Obstessig.

● Achten Sie auf absolute Sauberkeit bei der Verarbeitung der Zutaten und bei den Arbeitsgeräten, damit es nicht zum Verderb kommt.

ARBEITSGERÄTE
Für die Zubereitung von Chutneys, Relishes & Co. benötigt man die gleichen Utensilien wie für das Einmachen.

107

● Kontrollieren Sie Gläser und Flaschen vor dem Reinigen auf Absplitterungen.

● Trocknen Sie die gespülten Gläser und Flaschen nie ab, sondern lassen Sie sie besser auf einem Küchentuch gründlich abtropfen.

VARIANTEN
Wer Kinder hat, sollte auch milde Varianten zubereiten. Am besten füllt man Würzsaucen nur in kleine Gläser und Flaschen ab, da man nie große Mengen auf einmal benötigt.

● Stellen Sie Gläser und Flaschen vor dem Einfüllen auf ein nasswarmes Küchentuch, damit sie nicht springen.

● Füllen Sie die gekochten Würzsaucen heiß und randvoll ein, verschließen Sie die Gläser sofort luftdicht.

● Vermerken Sie auf dem Etikett die Zutaten und das Datum.

● Bewahren Sie die Gläser an einem kühlen und dunklen Ort auf. Sie sind dann 1 bis 2 Jahre haltbar.

● Vor dem ersten Probieren müssen die Gläser mindestens 4 Wochen an einem kühlen und dunklen Ort ruhen, damit Chutneys und Relishes ihren vollen Geschmack entfalten können.

● Einmal geöffnete Gläser gehören in den Kühlschrank. Der Inhalt sollte innerhalb von ein paar Tagen verbraucht werden.

Die Arbeitsgeräte

Im Prinzip benötigen Sie für die Zubereitung von Chutneys & Co. die gleichen Arbeitsgeräte wie beim Einmachen von Konfitüren, Marmeladen und Gelees.

● Eine Küchenwaage zum exakten Abwiegen der Zutaten.

● Einen großen Topf aus Edelstahl zum Einkochen der verschiedenen Zutaten.

● Diverse Kochlöffel zum Umrühren der Zutaten.

● Einen Einfülltrichter zum Einfüllen in die Gläser.

● Gläser und Flaschen mit Twist-off-Deckeln zum Abfüllen der Würzsaucen.

● Einmachetiketten zum Beschriften.

Ganz wichtig!

Füllen Sie Chutneys, Relishes und Ketchup ganz heiß ab und verschließen Sie die Gläser und Flaschen sofort luftdicht, damit keine verderbniserregenden Keime eindringen können und sich Schimmel bilden könnte.

Hausgemachte Würzsaucen

Sie werden alle nach dem gleichen Prinzip hergestellt. Früchte oder Gemüse werden vorbereitet. Dann lässt man sie zusammen mit Gewürzen, Essig und Zucker entsprechend lange kochen. Anschließend heiß in Gläser oder Flaschen abfüllen und sofort luftdicht verschließen.

HOLUNDERWÜRZSAUCE

Für 3 Gläser à 0,2 l

1 kg reife Holunderbeeren
100 g Zwiebelwürfelchen
100 g brauner Zucker
gemahlener Ingwer
gemahlene Nelke
Pfefferkörner
Salz
1/8 l Weinessig

Zubereitung

1 Die Holunderbeeren waschen und mit einer Gabel behutsam von den Rispen streifen. Zusammen mit den übrigen Zutaten aufkochen lassen. Dabei mehrmals vorsichtig umrühren.

2 Bei geringer Hitze ca. 60 Minuten lang köcheln lassen. Anschließend durch ein Sieb passieren und abschmecken. Dann nochmals aufkochen lassen.

3 Heiß in Gläser füllen und diese sofort luftdicht verschließen und an einem kühlen Ort aufbewahren.

GEMÜSE-RELISH

Für 3 Gläser à 0,5 l

1 kg Gemüse, z. B. Zwiebeln, Karotten, Erbsen, Zucchini und Bleichsellerie
2 Knoblauchzehen
200 g brauner Zucker
Senfpulver
gemahlener Koriander
Salz
abgeriebene Schale von 1 unbehandelten Zitrone
1/4 l Apfelessig

Zubereitung

1 Das Gemüse putzen, eventuell schälen und in 1 cm große Würfel schneiden. Mit den übrigen Zutaten vermischen und aufkochen.

2 Bei geringer Hitze ungefähr 40 Minuten langsam köcheln lassen.

3 Heiß in Gläser füllen und sofort verschließen. Kühl aufbewahren.

VERWENDUNG
Gemüse-Relishes passen zu gegrilltem Fisch und zu Fleischfondues.

PAPRIKA-TOMATEN-RELISH

Für 2 Gläser à 0,5 l

| je 1 rote, gelbe und grüne Paprikaschote |
| 250 g Tomaten |
| 250 g Zwiebeln |
| 2–3 Knoblauchzehen |
| 30 g Tomatenmark |
| 200 g brauner Zucker |
| Senfpulver |
| edelsüßer Paprika |
| Cayennepfeffer |
| Salz |
| 1/4 l Obstessig |

Zubereitung

1 Die Paprikaschoten vierteln, entkernen, waschen und in kleine Würfel schneiden. Die Tomaten blanchieren und in Eiswasser abschrecken. Dann häuten und zerkleinern. Zwiebeln und Knoblauch schälen und würfeln.

2 Das gemischte Gemüse mit dem Tomatenmark, dem Zucker und den übrigen Zutaten vermischen und aufkochen. Bei geringer Hitze ca. 45 Minuten köcheln lassen.

3 Heiß in Gläser füllen und sofort verschließen. Kühl aufbewahren.

ZWIEBEL-RELISH

Für 3 Gläser à 0,2 l

| 500 g Zwiebeln |
| je 1 grüne und rote Paprikaschote |
| 50 g brauner Zucker |
| edelsüßer Paprika |
| Salz |
| Olivenöl |
| 0,1 l Sherry-Essig |
| eingelegte grüne Pfefferkörner |

Zubereitung

1 Die Zwiebeln schälen und in 1 cm große Würfel schneiden. Die Paprikaschoten vierteln, entkernen, waschen und in kleine Würfel schneiden.

2 Die Zwiebeln in Olivenöl anschwitzen. Die übrigen Zutaten, bis auf die eingelegten Pfefferkörner, hinzufügen, aufkochen und bei geringer Hitze ca. 60 Minuten köcheln lassen.

3 Die Pfefferkörner fein hacken und unterrühren.

4 Heiß in Gläser füllen und sofort verschließen. Kühl aufbewahren.

Tip
Zwiebel-Relish ist ideal zu Steaks und zu gegrilltem Fleisch.

HAGEBUTTEN-CHUTNEY

Für 2 Gläser à 0,5 l

1 kg Hagebutten
150 g Zwiebelwürfelchen
100 g Rosinen
350 g Zucker
1/8 l Weinessig
gemahlener Ingwer
gemahlener Zimt
gemahlene Nelke
Senfpulver
grob zerstoßene Korianderkörner

Zubereitung

1 Die Hagebutten von Blüten und Stielen befreien. Die Früchte längs aufschneiden und die Kerne mit einem kleinen Löffel herausschaben. Am besten Einweghandschuhe anziehen, um Juckreiz zu vermeiden.

2 Die Hagebutten waschen. Mit wenig Wasser, den Zwiebelwürfelchen, den Rosinen, dem Zucker und dem Essig aufkochen. Die Gewürze hinzufügen und das Chutney bei geringer Hitze 90 Minuten köcheln lassen. Dabei regelmäßig umrühren.

3 Das Hagebutten-Chutney abschmecken und heiß in Gläser füllen. Sofort verschließen und an einem kühlen Ort aufbewahren.

Tip

Das Chutney wird schärfer, wenn man noch etwas Cayennepfeffer oder zerstoßene, getrocknete Chilischoten hinzufügt.

SCHÄRFE

Die Schärfe eines Chutneys sollte von den persönlichen Vorlieben abhängen. Denn nicht jeder verträgt extrem Gewürztes.

PFEFFERMINZ-INGWER-CHUTNEY

Für 2 Gläser à 0,2 l

500 g Stachelbeeren oder Rhabarber
1 Stück frische Ingwerwurzel
100 g Zwiebelwürfelchen
200 g brauner Zucker
1/8 l Weinessig
Senfpulver
Cayennepfeffer
Salz
Pfefferminzblättchen

Zubereitung

1 Die Früchte putzen, waschen und schneiden. Den Ingwer fein würfeln.

2 Mit den Zutaten, bis auf die Pfefferminze, zum Kochen bringen, bei geringer Hitze sirupartig einkochen.

3 Die Pfefferminzblättchen in Streifen schneiden und kurz vor Ende der Garzeit unterrühren.

4 Das Chutney heiß in Gläser füllen, sofort verschließen. Kühl aufbewahren.

MANGO-CHUTNEY

Für 2 Gläser à 0,2 l

1 reife Mango
50 g Zwiebelwürfelchen
100 g brauner Zucker
Zeste und Saft von 1 unbehandelten Zitrone
gemahlener Ingwer
1–2 Chilischoten

Zubereitung

1 Die reife Mango schälen, das Fruchtfleisch vom Stein lösen und in kleine Stückchen schneiden.

2 Das Mangofleisch mit wenig Wasser und den übrigen Zutaten zum Kochen bringen. Anschließend bei geringer Hitze sirupartig dick einkochen lassen.

3 Das Mango-Chutney heiß in Gläser füllen und sofort verschließen. An einem kühlen Ort aufbewahren.

Tip

Das Chutney mit Naturjoghurt verrührt zu gebratener Ente oder einem anderen Geflügel servieren.

ORANGEN-KUMQUAT-CHUTNEY

Für 2 Gläser à 0,2 l

3 Orangen
80 g Kumquats (Zwergorangen)
50 g Rosinen
200 g Zucker
1/8 l Obstessig
gemahlener Ingwer
frisch geriebene Muskatnuss

Zubereitung

1 Die Orangen schälen. Wichtig: dabei auch die bittere, pelzige Haut sorgfältig entfernen. Dann die Fruchtfilets aus den Trennhäuten schneiden und dabei den Saft auffangen. Die Kumquats waschen und in Scheiben schneiden.

2 Die Früchte und den Orangensaft mit den übrigen Zutaten zum Kochen bringen. Dann bei geringer Hitze sirupartig dick einkochen lassen.

3 Das Orangen-Kumquat-Chutney heiß in Gläser füllen und sofort verschließen. Kühl aufbewahren.

Tip

Das Chutney als Beilage zu Wildpasteten und Geflügelterrinen servieren. Säuerlichpikant wird es, wenn Sie statt Orangen Zitronen verwenden und mit Pfefferminzblättchen würzen.

Apfel-Zwiebel-Chutney

Für 2 Gläser à 0,5 l

1 kg säuerliche Äpfel, z. B. Gravensteiner
150 g Zwiebelwürfelchen
100 g Rosinen
350 g Zucker
1/8 l Weinessig
Kurkuma (Gelbwurz)
gemahlener Ingwer
gemahlener Zimt
gemahlene Nelke
zerstoßene, getrocknete Chilischoten (Chilipfeffer)

Zubereitung

1 Die Äpfel waschen, vierteln, entkernen und in kleine Stücke schneiden.

2 Die Äpfel mit den übrigen Zutaten vermischen, aufkochen und bei geringer Hitze 90 Minuten köcheln lassen. Dabei ab und zu umrühren.

3 Das Apfel-Zwiebel-Chutney abschmecken und heiß in Gläser füllen. Sofort verschließen, kühl lagern.

Tip

Unter das fertige Apfel-Zwiebel-Chutney mittelscharfen Senf, fein gewiegten Dill und fein gewürfelte Senfgurken rühren und mit Aquavit abschmecken. Das Chutney passt dann besonders gut zu geräuchertem Lachs und anderen Räucherfischen.

Tomatenketchup

Für 2 Gläser à 0,5 l

1 kg Tomaten
2–3 Knoblauchzehen
100 g Zwiebelwürfelchen
80 g Zucker
gemahlener Ingwer
frisch geriebene Muskatnuss
Pfeffer
Salz
0,1 l Weinessig

Zubereitung

1 Die Tomaten waschen, den Stielansatz entfernen und in kleine Stücke schneiden. Die Knoblauchzehen schälen. Mit den übrigen Zutaten aufkochen.

2 Bei geringer Hitze ca. 60 Minuten köcheln lassen. Abschmecken und passieren.

3 Das Tomatenketchup nochmals aufkochen. Heiß in Flaschen füllen und mit Twist-off-Deckeln verschließen. Kühl aufbewahren.

Tip

300 g gewürfelte Paprikaschoten mitkochen.

GEWÜRZE

Mit Gewürzen am Anfang sparsam umgehen und beim Abschmecken lieber noch einmal nachwürzen.

113

Milch-säure-gärung

ist ein altbekanntes und bewährtes natürliches Verfahren, frisches Gemüse zu konservieren. Trotz ihres gesundheitlichen Wertes ist sie heute viel zu wenig bekannt.

Milchsaures Gemüse

Die Milchsäuregärung macht Gemüse als Frischkost haltbar. Sie schont Enzyme und Vitamine. Das Salz lockert die Zellwände des Gärgutes und zieht das enthaltene Wasser mitsamt dem Zucker (Kohlenhydrate) heraus. Dabei entwickeln sich die Milchsäurebakterien, die den Zucker im Gemüse während des Gärvorgangs in Säure umwandeln. Das Gemüse wird sauer, und das Wachstum von Mikroorganismen wird gestoppt.

Wie kommt die Milchsäuregärung in Gang ?

Bei dieser Konservierungsmethode kommt es auf die verwendeten Gemüse an und darauf, ob zusätzlich ein so genannter Starter eingesetzt wird, der dafür sorgt, dass die Gärung schneller in Gang kommt. Als Starter kommen Molke, Gärsaft oder Fermente in Frage.

Das vorbereitete Gemüse wird entweder portionsweise mit Salz eingestampft, bis sich reichlich Flüssigkeit gebildet hat, oder mit Salzwasser begossen. Um den Gärprozess in Gang zu setzen, muss genügend Salzlake vorhanden sein. Dabei können neben Salz auch die verschiedensten Gewürze und Kräuter wie Bohnenkraut, Oregano, Knoblauch, Ingwer oder Koriander hinzugefügt werden. Das Gemüse wird in Gläser geschichtet, mit Kohl- oder anderen Pflanzenblättern (z. B. Johannisbeerblätter) bedeckt, mit einem Deckel versehen und dieser beschwert, beispielsweise mit einem großen Marmorbrett oder einem Stein.

STARTER

Damit die Milchsäuregärung schneller in Gang kommt, sollte man einen Starter, z. B. Molke, Gärsaft oder Fermente, verwenden.

Damit die Milchsäuregärung gelingt

● Achten Sie auf absolute Sauberkeit bei der Verarbeitung der Zutaten und bei den Arbeitsgeräten.
● Verwenden Sie zum Einsalzen gewöhnliches Koch- oder Meersalz ohne Zusatz von Jod und Fluor.
● Stellen Sie das Gärgefäß nach dem Gärprozess möglichst in einen abgedunkelten, kühlen Raum oder dunkeln Sie es mit Hilfe von Tüchern ab.

Die Arbeitsgeräte

Nur wenn Sie größere Mengen beispielsweise von Sauerkraut herstellen wollen, benötigen Sie entsprechende Geräte wie einen speziellen Gärtopf. Ansonsten reichen:

- Größere Einkochgläser zum Einschichten des Gemüses.
- Eine große Schüssel und ein Stampfer.
- Marmorbretter zum Beschweren der Gläser.

Welches Gemüse eignet sich für die Milchsäuregärung?

Viele Gemüsesorten schmecken so sehr gut. Am bekanntesten ist das aus Weißkohl gewonnene Sauerkraut. Aber auch Wirsing, Rotkohl, Möhren, Kohlrabi, Bohnen, Gurken, Blumenkohl, Brokkoli, Sellerie, Tomaten und Silberzwiebeln können einzeln oder als Gemüseallerlei mit Hilfe der Milchsäuregärung haltbar gemacht werden.

Grundrezept für ein Gefäß à 5 l

5 kg Gemüse
40 g Salz
1/4 l Starter, z. B. Molke, Buttermilch oder Weißwein
Gemüseblätter
1 l Wasser
15 g Salz

1 Das Gemüse fein hobeln oder raspeln.

2 Das gehobelte Gemüse ca. 10 cm hoch schichtweise in das Gefäß geben und einstampfen, bis sich reichlich Saft gebildet hat. Dabei jeweils etwas Salz hinzufügen.

3 Wenn das Gefäß bis zu drei Viertel gefüllt ist, mit dem Starter aufgießen.

4 Das Gemüse mit den Gemüseblättern bedecken und beschweren, z. B. mit einem Marmorbrettchen.

5 Das Gemüse soll einige Tage bei Zimmertemperatur ziehen. Wenn sich nicht genügend Saft bildet, so viel Salzwasser (15 g Salz auf 1 l Wasser) aufgießen, bis das Gemüse vollständig bedeckt ist.

6 Das Gefäß kühl lagern und das Gemüse ca. 4 Wochen durchziehen lassen.

1 *Hobeln oder raspeln Sie das Gemüse je nach Geschmack fein oder sehr fein.*

2 *Schichten Sie das Gemüse in ein Gefäß und stampfen Sie es mit Salz ein.*

3 *Geben Sie den Starter hinzu, sobald sich ausreichend Flüssigkeit gebildet hat.*

4 *Bedecken Sie das Gemüse mit Gemüseblättern und beschweren Sie den Topf.*

SAUERKRAUT

Das Gemüse muss vollständig mit Saft bedeckt sein, ansonsten muss man Salzwasser hinzufügen.

Für 1 Gefäß à 5 l

5 kg Weißkohl

40 g Salz

3 EL Kümmelsamen und Wacholderbeeren

1/4 l Molke oder Buttermilch als Starter

Zubereitung

1 Den Weißkohl putzen. Ein paar Kohlblätter zum Abdecken beiseite legen. Den restlichen Kohl fein hobeln.

2 Den gehobelten Kohl ca. 10 cm hoch schichtweise in das Gefäß geben und einstampfen, bis sich reichlich Saft gebildet hat. Dabei jeweils etwas Salz, Kümmel und Wacholderbeeren hinzufügen.

3 Wenn das Gefäß zu etwa drei Viertel gefüllt ist, mit der Molke oder der Buttermilch aufgießen. Dann das Kraut mit den beiseite gelegten Kohlblättern bedecken und beschweren.

4 Das Kraut einige Tage bei Zimmertemperatur ziehen lassen. Sollte sich dabei nicht genügend Saft bilden, zusätzlich mit etwas Salzwasser (15 g Salz auf 1 l Wasser) aufgießen. Das Kraut muss immer vollständig mit der Flüssigkeit bedeckt sein.

5 Das Gefäß kühl lagern. Nach ca. 4 Wochen ist das Sauerkraut fertig.

Tip

Eine schmackhafte, verfeinerte Variante des Sauerkrauts ist das Weinkraut. Sie bereiten es genauso zu wie das Sauerkraut. Anstelle von 1/4 l Molke oder Buttermilch als Starter verwenden Sie jedoch 1/4 l trockenen Weißwein und fügen eventuell noch ein paar säuerliche, fein gehobelte Äpfel hinzu. Weinkraut und Sauerkraut sind eine schmackhafte Frischkost. Sie schmecken aber auch gekocht sehr gut z. B. zu Bratwürsten.

Bei der Milchsäuregärung bildet sich Vitamin B 12, das sonst nur in tierischen Produkten vorkommt. Milchsaures Gemüse ist gut für die Verdauung und soll zudem die Immunkräfte anregen. Milchsaures Gemüse lässt sich nicht nur pur genießen. Mit Salatdressing angemacht kann es auch als Grundlage für einen Frischkostsalat verwendet werden.

ROTE BETE

Für 1 Gefäß à 5 l

5 kg Rote Bete	
40 g Salz	
3 EL Anissamen und Senfkörner	
ein paar Lorbeerblätter	
1/4 l Molke	
Rote-Bete-Blätter	

Zubereitung

1 Die Rote Bete gründlich waschen. Fein hobeln oder in feine Streifen raspeln.

2 Die Rote Bete ca. 10 cm hoch schichtweise in das Gefäß geben. Einstampfen, bis sich reichlich Saft bildet. Dabei jeweils etwas Salz und Gewürze hinzufügen.

3 Wenn das Gefäß bis zu ca. drei Viertel gefüllt ist, mit der Molke aufgießen. Dann mit den Rote-Bete-Blättern bedecken und beschweren.

4 Die Rote Bete einige Tage bei Zimmertemperatur ziehen lassen. Sollte sich dabei nicht genügend Saft bilden, mit Salzwasser (15 g Salz auf 1 l Wasser) aufgießen. Die Rote Bete müssen immer vollständig mit der Flüssigkeit bedeckt sein.

5 Das Gefäß kühl lagern. Nach ca. 4 Wochen sind die Rote Bete fertig und können verwendet werden.

ROTE BETE
Sie werden auch Rote Rüben, Rannen oder Randen genannt. Zum Hobeln von Roten Beten sollte man Einweghandschuhe anziehen, da der Saft stark färbt.

STECKRÜBEN

Für 1 Gefäß à 5 l

5 kg Steckrüben	
40 g Salz	
3 EL Kümmelsamen, Korianderkörner und Thymianblättchen	
ein paar Lorbeerblätter	
1/4 Stange Meerrettich	
1/4 l Molke	
Steckrübenblätter	

Zubereitung

1 Die Rüben gründlich waschen und in feine Streifen raspeln. Die Meerrettichstange schälen und ganz fein reiben.

2 Die geraspelten Steckrüben ca. 10 cm hoch schichtweise in das Gefäß geben und einstampfen, bis sich reichlich Saft gebildet hat. Dabei jeweils etwas geriebenen Meerrettich, Salz und Gewürze hinzufügen.

3 Wenn das Gefäß zu ca. drei Viertel gefüllt ist, mit der Molke aufgießen. Mit Rübenblättern bedecken und beschweren.

4 Weiter verfahren wie bei Sauerkraut und Rote Bete beschrieben.

Trock-nen

ist ein Konservie-rungsverfahren, das vermutlich schon un-sere Vorfahren in der Steinzeit angewandt haben.

Trockenfrüchte

Das Trocknen ist die älteste und natürlichste Methode, frische Nahrungsmittel für den Vorrat haltbar zu machen. Denn im Gegensatz zu anderen Verfahren müssen beim Trocknen keine Konservierungsmittel zugesetzt werden. Nur industriell getrocknete Früchte werden durch Schwefeln noch länger haltbar gemacht. Normalerweise sorgen jedoch Wärme und Luft dafür, dass Obst, Gemüse, Pilze und Kräuter einfach trocknen. Durch den Entzug von Wasser verlieren sie an Volumen und schmecken intensiver. Gleichzeitig wird damit den Mikroorganismen ihr Nährboden entzogen und so ihr Wachstum unterbunden. Durch die Konzentration von Zucker und Säuren im Trockengut, speziell bei Früchten, erhöht sich zusätzlich die Haltbarkeit. Getrocknetes enthält in geballter Form wertvolle Vitamine und Mineralstoffe. Trockenfrüchte sind ein wertvolles Süßungsmittel, das u. a. zur Verfeinerung von Gebäck, Getreide- oder Quarkgerichten eingesetzt werden kann.

Die Methode des Trocknens

Es gibt verschiedene Methoden, Früchte, Gemüse, Pilze und Kräuter zu trocknen. Am schönsten ist es natürlich, wenn man sie in der Sonne lufttrocknen kann. Ansonsten empfiehlt sich das Trocknen auf Backblechen ausgebreitet im Umluftherd. Wer regelmäßig und viel trocknet, kann sich auch einen speziellen Dörrapparat anschaffen.
Natürlich kann man Obst, Gemüse und Pilze auch im herkömmlichen Backofen trocknen. Umluftherde haben den Vorteil, dass die Luft gleichmäßig um das Trockengut zirkuliert. Dies beschleunigt den Trocknungsprozess. Des Weiteren müssen die Bleche im Umluftherd nicht regelmäßig vertauscht werden, damit das Trockengut gleichmäßig trocknet. Zudem kann es im Umluftherd nicht durch zu viel Ober- bzw. Unterhitze hart werden. Besonders bei Kräutern besteht im Backofen die Gefahr, dass sie strohig werden und ihr typisches Aroma verlieren.

TROCKNEN
Durch den Trocknungsvorgang wird Früchten Wasser entzogen und die Konzentration von Zucker und Säure in ihnen erhöht. Dadurch sind Trockenfrüchte länger haltbar.

Ganz wichtig!

Wenn sich beim Trocknen im Backofen Wassertropfen bilden, ist die Trockentemperatur zu hoch. Dann die Backofentür am besten immer einen Spalt geöffnet lassen.

Damit das Trocknen gelingt

● Verwenden Sie nur einwandfreies Obst und Gemüse sowie möglichst frisch gesammelte bzw. geerntete Pilze und Kräuter.
● Achten Sie darauf, dass die Trockentemperatur zwischen 50 °C und 60 °C liegt. Außerdem muss die Luft um das Trockengut gut zirkulieren können.
● Wenden Sie ab und zu das Trockengut auf dem Gazerahmen, um das Ankleben des Trockengutes zu vermeiden.
● Das Trocknen an der Luft dauert je nach Trockengut einige Tage bis zwei Wochen.
● Wenn Sie das Trockengut nach dem Trocknungsprozess auseinander brechen, darf kein Saft mehr austreten.
● Bewahren Sie Getrocknetes nur in luftdichten Behältern auf. Es nimmt schnell wieder Feuchtigkeit auf, dadurch verliert es seine Haltbarkeit und kann schimmeln.

Die Arbeitsgeräte

Die Geräte fürs Trocknen sind einfach und preiswert. Wenn Sie auf dem Dachboden oder dem Balkon trocknen, benötigen Sie:
● Einen Holzrahmen, der mit Gaze bespannt wird, zum Darauflegen des Trockengutes. Er sorgt dafür, dass die Luft gut zirkulieren kann.
● Küchenschnur zum Auffädeln von Trockengut.
● Luftdichte Behälter zum Aufbewahren des Trockengutes.

Welche Früchte eignen sich zum Trocknen?

Am problemlosesten lassen sich Früchte trocknen, da sie reichlich Fruchtzucker und Fruchtsäuren enthalten. Neben Äpfeln, Aprikosen, Birnen und Zwetschen lassen sich auch Kirschen und Beerenobst trocknen. Die Früchte müs-

GAZERAHMEN
Einen Gazerahmen kann man ganz einfach selber herstellen, indem man beispielsweise einen alten Bilderrahmen mit einem Gaze- oder Mulltuch bespannt.

sen einwandfrei und reif sein. Über- und unreifes Obst ist zum Trocknen ungeeignet, da der Trocknungsprozess wesentlich länger dauert und Farbe und Geschmack der getrockneten Früchte nicht befriedigen.

Weiter sind auch Pilze und Kräuter recht unkompliziert zu trocknen und als Trockenvorrat sehr empfehlenswert. Bei Gemüse dagegen besteht die Gefahr, dass es schimmelt, wenn der Trocknungsprozess nicht vollständig abgeschlossen ist. Gemüse muss daher bei höheren Temperaturen und viel länger getrocknet werden. Als Suppeneinlage oder als Würzmittel ist getrocknetes Gemüse besonders gut zu verwenden.

> ## Ganz wichtig!
>
> Flaches Trockengut, beispielsweise Apfelringe, Pilze, Bohnen, Erbsen und Kräuter, bei 50 °C, höheres Trockengut, z. B. halbierte Aprikosen und Zwetschen, bei 70 °C bis 80 °C im Umluftherd trocknen.
> Die Trocknungszeit hängt vom Trockengut und der Menge ab. Am besten die Anweisung des Herstellers lesen.

Das Trocknen von Früchten

Beim Trocknen von Obst müssen Sie die unterschiedliche Konsistenz der Früchte beachten und das jeweils passende Verfahren auswählen.

● Äpfel und Birnen schälen, entkernen und in Ringe oder Spalten schneiden. Kurz blanchieren. Die Ringe auf eine Küchenschnur ziehen und an der Luft, die Spalten im Umluftherd trocknen.

● Aprikosen halbieren, entsteinen und blanchieren. Mit den Schnittflächen nach oben, damit der Saft nicht austreten kann, im Umluftherd trocknen.

● Kirschen, Zwetschen und Beerenobst gründlich waschen. Zuerst in der Sonne vor- und dann im Umluftherd fertigtrocknen. Zwetschen können auch wie Aprikosen getrocknet werden.

● Bananen schälen, in dünne Scheiben schneiden und im Umluftherd trocknen.

TROCKENGUT
Besonders unkompliziert lassen sich Früchte, Kräuter und Pilze trocknen. Je nach Konsistenz der Früchte muss das Verfahren gewählt werden.

Blanchieren Sie hellfleischige Fruchtsorten wie beispielsweise Äpfel und Birnen vor dem Trocknen kurz in kochendem Wasser mit etwas Zitronensaft oder Ascorbinsäure, dann werden sie nicht braun und unansehnlich. Auf den Geschmack hat dies keinen Einfluss.

Das Trocknen von Obst, Gemüse, Pilzen und Kräutern ist relativ zeitaufwendig und nur für kleine Mengen geeignet.

Grundrezept für das Trocknen von Obst, Gemüse, Pilzen und Kräutern

ENERGIESPENDER
Da getrocknete Früchte in konzentrierter Form Fruchtzucker enthalten, sind sie ideale Energielieferanten für zwischendurch.

1 Früchte oder Gemüse schälen und entsteinen.
2 Das Obst und Gemüse in Spalten oder Ringe schneiden.
3 Eventuell kurz blanchieren.
4 Auf eine Küchenschnur aufziehen oder…
5 …Trockengut auf Gazerahmen auslegen.
6 Im Umluftherd oder Backofen fertig trocknen.
7 Trockengut in luftdichten Gefäßen aufbewahren.

DÖRROBST MIT BLAUSCHIMMELKÄSE

Für 4 Personen

250 g gemischte getrocknete Früchte, z. B. Aprikosen, Birnen und Pflaumen
0,3 l Roséwein
200 g Weichkäse mit Blauschimmel
gehackte Pistazien

Zubereitung

1 Die getrockneten Früchte klein schneiden und mit dem Wein aufkochen. Eventuell noch etwas Zucker hinzufügen.

2 Dann die Trockenfrüchte über Nacht im Weinsud abkühlen und quellen lassen.

3 Die getrockneten Früchte mit der Flüssigkeit auf vier Tellern anrichten. Den Käse portionsweise durch die Kartoffelpresse jeweils in die Mitte darüber drücken. Zuletzt mit den gehackten Pistazien bestreuen.

Tip
Dörrobst mit Blauschimmelkäse bietet sich als außergewöhnliches Dessert nach einem mehrgängigen Menü anstelle einer Käseplatte an. Es ist aber auch als leichter Snack für zwischendurch sehr gut geeignet.

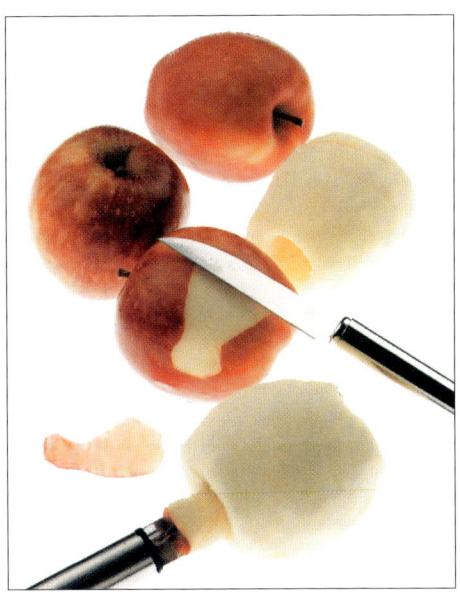

1 *Schälen und entsteinen Sie die Früchte oder das Gemüse.*

2 *Schneiden Sie das Obst in Spalten oder Ringe.*

4 *Ziehen Sie die Früchte oder das Gemüse auf eine Küchenschnur auf oder …*

5 + 6 *… lassen Sie das Trockengut auf einem Gazerahmen im Umluftherd trocknen.*

125

FRÜCHTEBROT

Für eine große Kastenform

750 g getrocknete Früchte	
125 g geschälte Mandeln	
125 g Haselnüsse	
4 Eier	
125 g Zucker	
1 Päckchen Vanillezucker	
gemahlener Zimt	
2–3 EL Rum	
175 g Mehl	
1 Päckchen Backpulver	
Butter und Semmelbrösel für die Form	

Zubereitung

1 Die getrockneten Früchte klein schneiden. Anschließend die Mandeln und die Haselnüsse grob hacken.

Alle Zutaten, bis auf das Mehl und das Backpulver, gut vermischen.

2 Das Mehl sieben und mit dem Backpulver vermischen. Unter die Frucht-Nuss-Masse mischen.

3 Die Form ausbuttern und mit Semmelbröseln ausstreuen. Den Teig in der Form verteilen.

4 Im vorgeheizten Backofen bei 180 °C ca. 90 Minuten backen.

Tip

Früchtebrot ist eine typische Spezialität der vorweihnachtlichen Zeit.

DÖRROBSTKOMPOTT

VERWENDUNG
Dörrobstkompott schmeckt hervorragend zu Kaiserschmarrn oder Dampfnudeln.

Für 4 Personen

250 g gemischtes Dörrobst, z. B. getrocknete Äpfel, Aprikosen, Pflaumen	
1/4 l Weißwein, 1/4 l Wasser	
4 Nelken, 1 halbe Stange Zimt	
2 El Zucker	
1 TL Speisestärke	
1 Päckchen Vanillezucker	
Saft von 1 Zitrone	
4 cl Calvados (Apfelbranntwein)	

Zubereitung

1 Das Dörrobst mit den übrigen Zutaten bis auf die

Speisestärke, den Zitronensaft und den Calvados über Nacht quellen lassen.

2 Das eingeweichte Dörrobst bei geringer Hitze etwa 30 Minuten köcheln lassen.

3 Speisestärke mit Zitronensaft und Calvados unter das Dörrobst rühren, kurz aufkochen lassen.

Tip

Statt Calvados kann man auch Zwetschenwasser oder Marillengeist verwenden.

PFLAUMENRAGOUT

Für 4 Personen

8 getrocknete Pflaumen
2 getrocknete Aprikosen
2 säuerliche Äpfel, z. B. Boskop
0,2 l Apfelsaft
30 g Zucker
50 g gehackte Haselnüsse

Zubereitung

1 Die getrockneten Früchte in feine Streifen schneiden. Die Äpfel schälen, vierteln, entkernen und in gleichmäßige Schnitze schneiden.

2 Den Apfelsaft mit dem Zucker erhitzen. Die getrockneten Früchte und Apfelschnitze hinzufügen und ca. 5 Minuten darin dünsten lassen.

3 Das Pflaumenragout abkühlen lassen. Zuletzt die Haselnüsse untermischen.

Tip

Das Ragout mit etwas Pflaumenlikör verfeinern und zu Vanilleeis servieren.

LEBKUCHENKNÖDEL MIT KLETZEN

Für 4 Personen

200 g Lebkuchen
150 g Speisequark
30 g Butter
30 g Zucker
2 Eigelbe
gemahlener Zimt
Außerdem:
150 g Kletzen (getrocknete Birnen)
30 g Zucker
Saft von 1 Zitrone
2 cl Birnengeist

Zubereitung

1 Die Lebkuchen fein würfeln. Den Quark in einem Tuch leicht auspressen. Die Butter mit dem Zucker und den Eigelben schaumig schlagen. Den Quark unterrühren. Zuletzt die Lebkuchenwürfel untermischen und die Masse mit etwas Zimt abschmecken.

2 Aus der Lebkuchenmasse kleine Knödel formen. Falls die Masse zu weich ist, etwas Grieß untermischen. In siedendem Salzwasser ca. 15 Minuten ziehen, dann gut abtropfen lassen.

3 Die Kletzen in feine Streifen schneiden. Mit etwas Wasser, dem Zucker und dem Zitronensaft kurz aufkochen und einige Zeit quellen lassen. Dabei den Birnengeist hinzufügen.

4 Die Lebkuchenknödel mit den Kletzen anrichten.

KLETZEN

Kletzen ist die österreichische Bezeichnung für getrocknete Birnen. Am bekanntesten ist das Kletzenbrot (Früchtebrot). Es ist ein typisch süddeutsches und österreichisches Weihnachtsgebäck.

SCHEITERHAUFEN

VARIANTE
Der Johannisbeersaft kann durch beliebig andere Fruchtsäfte ersetzt werden, ebenso der Likör.

Für 4 Förmchen mit 1/8 l Inhalt

100 g gemischte getrocknete Früchte, z. B. Apfelringe, Aprikosen und Zwetschen
0,1 l roter Johannisbeersaft
2 cl Obstler oder Aprikosenlikör
8 Scheiben Weißbrot, ca. 1/2 cm dick geschnitten
1/4 l Milch
3 Eier
zerlassene Butter und Zucker für die Förmchen

Zubereitung

1 Die getrockneten Früchte in kleine Stückchen schneiden. Mit dem Johannisbeersaft und dem Obstler oder dem Aprikosenlikör begießen und anschließend etwa 30 Minuten quellen lassen.

2 Aus den Weißbrotscheiben 8 Kreise in der Größe der Förmchen ausschneiden oder -stechen. Das restliche Weißbrot ganz fein würfeln und zu den eingeweichten Früchten geben.

3 Die Förmchen mit zerlassener Butter ausstreichen und mit Zucker ausstreuen. Jeweils einen Weißbrotkreis auf die Förmchenböden legen. Dann mit den eingeweichten Früchten auffüllen. Mit einer weiteren Weißbrotscheibe abdecken.

4 Die Milch mit den Eiern verrühren und in die Förmchen gießen. Die Förmchen im Wasserbad im vorgeheizten Backofen bei einer Temperatur von 180 °C ca. 30 Minuten backen. Die Scheiterhaufen sind dann gar, wenn beim Hineinstechen mit einer Nadel nichts mehr an der Nadel hängen bleibt.

Tip

Zum Scheiterhaufen mit getrockneten Früchten passt als Ergänzung am besten eine Vanille- oder Weinschaumsauce. Für eine Weinschaumsauce 2 Eigelbe mit 0,1 l trockenem Weißwein und 1 Messerspitze Speisestärke im Wasserbad aufschlagen, bis die Sauce bindet. Sie darf nicht kochen!

Ganz wichtig!

Früchte Gemüse und Pilze, die zum Trocknen an der Luft aufgefädelt werden, dürfen sich nicht berühren, damit das gleichmäßige Trocknen nicht gestört und verlangsamt wird.

Das Trocknen von Gemüse und Pilzen

Gemüse ist zum Trocknen nur bedingt geeignet, da es relativ wenig Säure und so gut wie keinen Zucker enthält. Am besten lassen sich in einem Haushalt weiße und dicke Bohnen, Erbsen, Tomaten, Zwiebeln und Knoblauch trocknen. Tomaten können wie Pilze und Früchte auch in der prallen Sonne getrocknet werden. Auch hier gilt: Das Gemüse sollte möglichst frisch und fest sein. Gemüse wie beispielsweise Karotten, Sellerie und Lauch für Suppengemüse sollten relativ klein geschnitten werden, damit das Trocknen rascher vonstatten geht. Außerdem bleiben die Farben der einzelnen Gemüse besser erhalten, wenn man sie separat kurz in Wasser blanchiert und anschließend gut trockentupft.

Selbstverständlich lassen sich auch Zuchtpilze, bis auf wenige Ausnahmen, trocknen. Ideal zum Trocknen sind feste Champignons, Egerlinge und Shii-Take-Pilze. Zum Verfeinern genügen schon geringe Mengen an getrockneten Pilzen, um den speziellen Geschmack mit einzubringen. Zum Trocknen nur bedingt geeignet sind Austernpilze, da sie besonders wasserhaltig und daher nicht sehr fest sind.

So gehen Sie vor

1 Bohnen und Erbsen aus der Schote pulen, kurz blanchieren und im Umluftherd trocknen. Sie sind fertig getrocknet, wenn sie knackig und hart sind.

2 Tomaten halbieren und die Kerne mitsamt dem Saft herauslösen. Mit den Schnittflächen nach oben in der Sonne oder im Umluftherd trocknen.

3 Die Tomatenhälften auffädeln und in die Sonne hängen. Am besten eignen sich kleine, festfleischige Tomaten.

4 Zwiebeln zu einem Zopf flechten. Knoblauchknollen auffädeln und zum Trocknen an einem warmen Ort aufhängen.

5 Pilze putzen, mit Küchenkrepp gründlich säubern, eventuell die Haut abziehen und in Scheiben schneiden. In der Sonne oder im Umluftherd trocknen. Sie sind fertig getrocknet, wenn sie schrumplig sind und sich ledrig anfühlen. Pilze wie Pfifferlinge kann man auch auf Fäden ziehen und in der Sonne trocknen lassen.

PILZE SAMMELN
Selbst gesammelte Pilze unbedingt von einer Fachkraft der Pilzsammelstelle auf ungenießbare oder gar giftige Exemplare überprüfen lassen.

MOZZARELLA MIT RUCOLA UND TOMATEN

Für 4 Personen

200 g Rucola
500 g Mozzarella
4 EL Rotweinessig
8 EL Olivenöl
Salz, Pfeffer aus der Mühle
fein gehackte Kräuter
20 g getrocknete Tomaten

Zubereitung

1 Den Rucolasalat verlesen, waschen und trockenschleudern. Dann auf vier Tellern anrichten.

2 Den Mozzarella sehr gut abspülen, abtrocknen, in Scheiben schneiden und auf den Blättern verteilen.

3 Den Essig mit den übrigen Zutaten, bis auf die getrockneten Tomaten, verrühren und abschmecken. Rucola und Mozzarella damit überziehen.

4 Die getrockneten Tomaten fein hacken und zuletzt über die Mozzarella-Rucola-Mischung streuen.

Tip

Dazu am besten frisches Stangenweißbrot servieren.

STEINPILZNUDELN

Für 4 Personen

30 g getrocknete Steinpilze
200 g Mehl
2 Eier
Sonnenblumenöl
Salz

Zubereitung

1 Die Steinpilze im Mörser ganz fein zerstampfen. Das Mehl auf eine Arbeitsfläche sieben. Mit dem Steinpilzmehl bestreuen. In die Mitte eine Mulde drücken.

2 Die Eier, ein paar Tropfen Öl und etwas Salz in die Mulde geben. Nach und nach das Mehl einarbeiten und alles zu einem geschmeidigen Teig verkneten.

3 Den Nudelteig ca. 1 Stunde ruhen lassen.

4 Den Nudelteig auf einer leicht bemehlten Arbeitsfläche dünn ausrollen und in schmale Streifen schneiden. Die Nudeln nochmals kurz trocknen lassen.

5 Dann die Nudeln in Salzwasser bissfest garen.

Tip

Feine Beilage zu Fisch oder zu frischen Rahmpilzen.

Das Trocknen von Kräutern

Prinzipiell eignen sich alle Kräuter zum Trocknen. Wichtig ist, dass sie nie in der prallen Sonne getrocknet werden, denn dadurch bleichen sie aus und verlieren an Geschmack. Kräuter, die im Umluftherd getrocknet werden, sollten nie einzeln auf dem Backblech ausgebreitet, sondern immer gebündelt werden. Sonst wirbeln sie ab einem gewissen Trocknungsgrad in der zirkulierenden Luft im Backofen umher. Traditionell sollen Kräuter fürs Trocknen nur bis zu Mariä Himmelfahrt (15. August) gepflückt werden. Denn dann besitzen sie die größte Heilkraft. Am besten pflückt man die Kräuter auf jeden Fall kurz vor der Blüte, dann haben sie die größte Geschmacksintensität.

Die Kräuter waschen und gut trockenschütteln, eventuell mit Küchenkrepp vorsichtig trockentupfen. Kräuter mit kleinen Blättern wie Petersilie und Thymian oder Kräuter wie Dill und Rosmarin werden am besten zu lockeren Sträußchen zusammengebunden und kopfüber an einem schattigen Ort zum Trocknen aufgehängt. Von Kräutern mit großen Blättern wie Basilikum und Salbei zupft man die Blätter ab und breitet sie zum Lufttrocknen aus. Die Kräuter sind fertig getrocknet, wenn sie leicht brechen und sich zwischen den Fingerspitzen gut zerreiben lassen. Getrocknete Kräuter werden am besten in Gläsern mit Twist-off-Deckel kühl und dunkel aufbewahrt. So bleiben ihr Duft und ihr Aroma am besten erhalten.

Kräuterbouquets

Um Gerichte zu verfeinern, wird nicht selten ein Kräutersträußchen mitgegart und vor dem Servieren herausgenommen. Wer regelmäßig solche Kräutersträußchen verwendet, kann sie sich auf Vorrat trocknen.

Die getrockneten Kräutersträußchen sollten Sie am besten in kleinen Beuteln aus Gaze an einem kühlen, dunklen Ort aufbewahren. Beachten Sie aber Folgendes:

Da getrocknete Kräuter wesentlich intensiver schmecken als frische, nur geringe Mengen verwenden und nach dem Abschmecken lieber noch einmal nachwürzen.

INTENSIV
Getrocknete Kräuter entfalten ein intensiveres Aroma als frische Kräuter. Daher lieber sparsam verwenden.

KLASSISCHES BOUQUET GARNI

Es besteht aus: 1 Lorbeerblatt, 1 Zweig Thymian, 3 Stengel Petersilie. Je nach Verwendung kann es noch mit Rosmarin oder Bohnenkraut ergänzt werden.

FINES HERBES

Zu je gleichen Teilen werden zu einem Sträußchen gebunden: Kerbel, Basilikum, Estragon, Petersilie und Schnittlauch

PROVENÇALISCHE MISCHUNG

Zu je gleichen Teilen werden gemischt: Thymian, Rosmarin, Basilikum, Majoran, Oregano. Nach Belieben kann auch noch Lavendel hinzugefügt werden.

GESCHENKE
Duftsäckchen behalten lange ihr typisches Aroma und sind ein nettes Mitbringsel für liebe Freunde und Bekannte.

Duftschälchen und Duftsäckchen

Getrocknete Kräuter und Blüten in Schälchen verbessern das Raumklima. Stellen Sie beispielsweise aus Rosenblättern, Maiglöckchen, Lavendel, Rosmarin, Zitronenmelisse oder Pfefferminze Mischungen her.
Trockenkräuter eignen sich für Duftsäckchen: Hopfendolden, Lavendel und Zitronenmelisse mischen und in ein Baumwollsäckchen nähen. Unterm Kopfkissen eine angenehme Einschlafhilfe. Oder vertreiben Sie mit einem Lavendelsäckchen die Motten aus dem Kleiderschrank.

Das Trocknen von Teekräutern

Für Kräuter und Pflanzen, die zur Zubereitung von speziellen Kräutertees getrocknet werden sollen, empfiehlt sich die Lufttrocknung. Die Kräuter werden auf einem mit Gaze bezogenen Rahmen ausgelegt oder zu Sträußen zusammengebunden kopfüber hängend getrocknet. Die Kräuter, Wildkräuter oder Pflanzenblätter werden vor dem Trocknen kurz gewaschen und gut trockengeschüttelt. Nach dem Trocknen zerreibt man sie zwischen den Fingerspitzen und bewahrt sie in dunklen Gläsern mit Twist-off-Deckel auf.

Wildkräuter und Pflanzen, die sich für Tees eignen:

Beifuß, echter (Triebe und Blätter)
Beinwell (Blätter)
Breitwegerich (Blätter)
Brennnessel (Triebe und Blätter)
Frauenmantel (blühende Pflanze und Blätter)
Gundermann (ganze Pflanze)
Huflattich (Blüten und Blätter)
Löwenzahn (Blätter, Blüten und Wurzeln)

Pfefferminze (Blätter)
Schafgarbe (Blüten und Blätter)
Thymian, wilder (ganze Pflanze)
Wiesensalbei (Blüten und Blätter)
Brombeer-, Erdbeer- und Himbeerblätter
Holunderblüten und -blätter
junge Fichtentriebe
Zitronenmelisse (Blätter)

Heiltees

Viele Teekräuter haben eine heilende Wirkung. Hier ein paar Beispiele: Schlaffördernd wirken Tees aus Holunderblättern und -blüten, Thymian und Beifuß. Appetitanregend sind Tees aus Löwenzahnblättern und -blüten, Salbei, Schafgarbe und Beifuß. Bei Durchfall helfen Tees aus Brombeer- und Heidelbeerblättern. Verdauungsfördernd sind Tees aus Schafgarbe und Beifuß. Andere Teekräuter haben eine blutreinigende, schweißtreibende oder auch eine die Galle anregende Wirkung wie beispielsweise Brennnesseltee oder Lindenblütentee.

Hier einige Tips zur Teebereitung und zum Teegenuss:

● Sammeln Sie Teekräuter möglichst nur an sauberen, staubfreien Plätzen. Am besten an Bach- und Waldrändern sowie auf Waldlichtungen.

● Heilkräuter entfalten ihre Wirkung nicht sofort. Daher sollten Sie den Tee über einen längeren Zeitraum trinken, um einen Heileffekt zu erzielen.

● Kräutertees mindestens 10 Minuten ziehen lassen.

● In kleinen Schlückchen trinken.

● Zum Süßen Honig oder Ahornsirup verwenden.

ANWENDUNG
Kräutertees mindestens 10 Minuten ziehen lassen und in kleinen Schlückchen trinken. Zum Süßen am besten Honig oder Ahornsirup nehmen.

Ein-
frieren

revolutionierte die Vorratshaltung. Kein anderes Verfahren ist besser geeignet, Lebensmittel nährstoffschonend zu konservieren.

Tiefgefrorenes

Die künstliche Eiszeit des Tiefkühlers ermöglicht es dem modernen Haushalt, jederzeit die jeweils gewünschte Speise aus dem Gefrierschrank zu zaubern. Denn abgesehen von einigen Ausnahmen lassen sich die meisten Lebensmittel problemlos einfrieren. Ganze Menüs können auf diese Weise vorbereitet und gelagert werden.

Durchs Tiefgefrieren werden Eiweiß, Vitamine und Mineralstoffe leichter verdaulich und können vom Körper besser verwertet werden. Bei Gemüsen wie Kohl, Pilzen und Hülsenfrüchten erfolgt eine Auflockerung der Zellstruktur und damit eine Verringerung der blähenden Wirkung. Darüber hinaus enthalten tiefgekühlte Lebensmittel mehr Vitamine, da sich durch den Vorgang des Einfrierens die Garzeit um rund ein Drittel verkürzt. Weiter werden Obst und Gemüse aus dem eigenen Garten erntefrisch eingefroren, also zu einem Zeitpunkt, wo sie noch besonders vitamin- und mineralstoffreich sind.

Was geschieht beim Einfrieren?

Beim Tiefgefrieren wird das Wachstum von Mikroorganismen ab einer Temperatur von minus 18 °C vollständig gestoppt. Entscheidend für die Qualität des Gefriergutes ist die Gefriergeschwindigkeit. Je schneller ein Nahrungsmittel tiefgefroren wird, desto besser. Durch den schnellen Kälteschock bilden sich in den Zellen des Gefriergutes nur kleine Eiskristalle, die harmlos sind, da sie nicht weiterwachsen und die Nachbarzellen zerstören. Wird das Gefriergut jedoch langsam und bei sanfter Kälte eingefroren, so bilden sich große Kristalle, die sich zwischen den Zellen ausdehnen. Beim Auftauen und bei der Zubereitung des Gefriergutes führt dies beispielsweise zum Austrocknen von Fleisch oder zum Saftverlust bei Früchten.

Trotzdem muss bedacht werden, dass auch Tiefgefrorenes nicht unbegrenzt lange haltbar ist, dass es ebenfalls altert, indem die Enzyme langsam Proteine, Fette und Kohlenhy-

NÄHRSTOFFE
Durchs Tiefgefrieren werden Eiweiß, Vitamine und Mineralstoffe leichter verdaulich und können vom Körper besser verwertet werden.

drate abbauen. Zudem vermehren sich die Mikroorganismen nach dem Auftauen sofort wieder, so dass auch aus diesem Grund ein erneutes Einfrieren nicht ratsam ist.

Damit das Einfrieren gelingt

● Alle Produkte sollten möglichst erntefrisch, ganz reif und von bester Qualität sein.

● Kaufen Sie Obst und Gemüse in den Monaten des größten Angebotes.

● Achten Sie bei Fleisch und Fisch auf Sonderangebote.

● Ernten oder kaufen Sie nur so viel, dass Sie es innerhalb kürzester Zeit vorbereiten und tiefgefrieren können.

● Führen Sie eine genaue Liste über Ihr Gefriergut.

● Ordnen Sie Ihr Gefriergut entsprechend Ihrem Gefriergerät in Körben, Schubladen oder Fächern thematisch, also Kräuter zu Gemüse, Fleisch zu Fisch usw.

● Bereits länger Tiefgefrorenes gehört immer nach oben bzw. nach vorne.

● Vermerken Sie auf dem Etikett neben dem Produkt auch das Einfrier- und Verfallsdatum.

● Halten Sie die Telefonnummer des Geräteherstellers bzw. Kundendienstes für Notfälle bereit.

HALTBARKEIT
Auch Tiefgefrorenes ist nur begrenzt haltbar; daher ist es sinnvoll, wenn man eine genaue Liste mit Datum über das Gefriergut führt.

Die Arbeitsgeräte

● Das wichtigste Arbeitsgerät zum Tiefgefrieren ist natürlich das Gefriergerät. Zum Einfrieren eignen sich nur Tiefkühlgeräte mit einem 4-Sterne-Symbol. Idealerweise sollten sie ein Vorgefrierfach besitzen. So lassen sich zumindest kleinere Mengen rasch tiefgefrieren.

● Das richtige Verpackungsmaterial schützt die eingefrorenen Lebensmittel vor dem Austrocknen und vor unangenehmen Fremdgerüchen. Daneben verhindert es Aroma- und Frischeverluste sowie das Eindringen von Mikroorganismen. Zu diesen Materialien zählen spezielle Gefrierbeutel, Gefrierdosen und Alufolie (siehe Seite 137).

● Hilfreich ist ein Folienschweißgerät zum luftdichten Verschließen von Gefrierbeuteln. Hierfür können auch spezielle Verschlussklemmen verwendet werden.

● Etiketten zum Beschriften des Gefriergutes.

Wie groß sollte das Gefriergerät sein?

Die Größe des Gefriergerätes hängt von verschiedenen Faktoren ab. In erster Linie natürlich von der Anzahl der Personen im Haushalt sowie vom vorhandenen Platz zum Aufstellen eines entsprechenden Gerätes. Als Faustregel gilt: Wer wenig oder keinen großen Wert auf Vorratshaltung legt, dem reichen 50 l bis 80 l Nutzinhalt pro Person. Wer häufig auf Gefrorenes zurückgreift und einen Garten mit Obstbäumen und Gemüsebeeten besitzt, der benötigt ungefähr 100 l bis 130 l pro Person. Wenn Tiefkühlschrank oder Tiefkühltruhe angeschafft werden, sollte auch deren Energieverbrauch mit berücksichtigt werden. Nicht selten ist der Stromverbrauch von Gefriertruhen geringer als der von Gefrierschränken.

KÜHLSCHRANK
Im Tiefkühlfach eines Kühlschranks können in der Regel nur tiefgefrorene Lebensmittel gelagert, aber nicht selbst eingefroren werden.

Die geeigneten Verpackungsmaterialien

● Gefrierbeutel eignen sich für sperriges Gefriergut wie Gemüse, aber auch für Geflügel und Brot. Sie sollten kälteelastisch, durchstoß- und reißfest, luft- und feuchtigkeitsundurchlässig, geruchlos, fett- und säurebeständig, gut anschmiegsam und verschließbar sowie hygienisch einwandfrei sein.

● Gefrierdosen sind von Vorteil für alle flüssigen, halbflüssigen und druckempfindlichen Lebensmittel, da sie leichter zu befüllen sind. Zu ihnen zählen Beerenobst, Fertiggerichte und Saucen. Gefrierdosen sollten dicht schließen, geruchs- und geschmacksneutral, gut stapelbar, leicht zu beschriften und einfach zu reinigen sein.

● Alufolie schmiegt sich besonders gut an die jeweilige Lebensmittelform an. Sie ist ideal zum Tiefgefrieren von Fleisch und Fisch. Zum Tiefgefrieren verwendete Alufolie sollte extrastark, durchstoß- und reißfest sowie geschmacksneutral sein.

Welche Lebensmittel eignen sich zum Tiefgefrieren?

Fast alle Lebensmittel, die in einem Haushalt benötigt werden, lassen sich tiefgefrieren. Wichtig dabei ist, dass man beim Vorbereiten und dem anschließenden Einfrieren bestimmte Regeln beachtet. Dann bleiben wertvolle Vitamine und Mineralstoffe sowie Farbe, Konsistenz und Geschmack des Gefriergutes weitgehendst erhalten bzw. werden nur minimal beeinträchtigt.

Bestimmtes Gefriergut wie Gemüse und teilweise auch Früchte müssen vor dem Tiefgefrieren blanchiert werden (Blanchierzeiten siehe Seite 140). Fleisch hingegen kann man ohne Vorbehandlung einfrieren. Fische müssen vorher lediglich ausgenommen werden. Auch gegarte Speisen sowie Torten und Kuchen lassen sich ausgezeichnet tiefgefrieren. Sie müssen dafür gut abgekühlt sein.

Das richtige Auftauen

AUFTAUZEIT
Generell gilt: 1 cm Gefriergut benötigt zum Auftauen bei Zimmertemperatur 1 Stunde, im Kühlschrank etwa doppelt so lange.

Es gibt verschiedene Möglichkeiten, Tiefgefrorenes aufzutauen. Am gängigsten ist das Auftauen im Kühlschrank. Dies dauert in der Regel zwar etwa doppelt so lange wie bei Zimmertemperatur, gilt aber als sicherere Methode gerade für Geflügel. Geflügel muss zudem unbedingt aus der Verpackung genommen werden. Wegen der Salmonellengefahr darf außerdem das Auftauwasser mit Geflügel nicht in Berührung kommen. Die Mikrowelle ist ebenfalls zum Auftauen geeignet. Hierfür beachtet man am besten die Anweisung des Herstellers. Einfrier- und Auftauzeit sind hier in etwa gleich. Manche Lebensmittel wie Fertiggerichte können auch im Backofen aufgetaut werden. Dazu muss ein Topf oder eine Pfanne mit Wasser in das Rohr gestellt werden. Während sich Gemüse und Fisch ohne Auftauzeit zubereiten lassen, muss bei Fleisch und Geflügel – je nach Größe – mit einer Auftauzeit von ca. 4 bis 20 Stunden bei Zimmertemperatur gerechnet werden.

Nicht eingefroren werden können:

- Chinakohl und Blattsalate
- Radieschen
- Kirschen aus dem Glas, Weintrauben und Melonen
- Frischmilch und Sauermilchprodukte
- Joghurt
- Hart gekochte Eier und rohe Eier mit Schale
- Rohe Kartoffeln
- Gegarte Teigwaren
- Mayonnaise
- Mit Gelatine Zubereitetes wie Desserts und Torten

Das Einfrieren von Obst

Natürlich ist Obst aus dem Gefriergerät an Qualität und Geschmack nicht mit frischem gleichzusetzen. Trotzdem lohnt sich das Tiefgefrieren von Früchten, vor allem wenn Sie Überschüsse aus dem eigenen Garten lagerfähig machen wollen. Denn diese Methode ist von allen Konservierungsverfahren immer noch die schonendste. Obst aus dem Kälteschlaf bietet sich für Kompott, Konfitüren, Kuchen, Tortenbelag und vieles mehr an. Die Früchte müssen teilweise blanchiert werden, bevor sie mit oder ohne Zucker tiefgefroren werden.

Damit Beerenobst und Kirschen beim Auftauen ihre Form behalten, sollten sie nach Möglichkeit einzeln auf ein Backblech gelegt und vorgefroren werden. Dabei kann man sie mit feinem Zucker bestreuen. Dann die Früchte sofort verpacken und wieder ins Gefriergerät legen.

Obst tiefgefrieren

Obst	Vorbereitung	Lagerdauer (Monate)	Auftauzeit (Stunden) Kühlschrank/Raumtemp.	
			+2 bis +6 °C	bis 20 °C
Äpfel	blanchieren	8–10	15–18	10–12
Aprikosen	blanchieren	6– 9	15–18	10–12
Brombeeren	roh/vorgefrieren	8–10	8–10	5– 8
Erdbeeren	roh/vorgefrieren	8–12	8–10	5– 8
Heidelbeeren	roh/vorgefrieren	8–10	8–10	5– 8
Himbeeren	roh/vorgefrieren	8–10	8–10	5– 8
Johannisbeeren	roh/vorgefrieren	8–12	8–10	5– 8
Kirschen	roh/vorgefrieren	6–10	mit Streuzucker 8–10	5– 8
			mit Zuckerlösung 15–18	10–12
Pfirsiche	blanchieren	10–12	15–18	10–12
Pflaumen	roh	10–12	15–18	10–12
Preiselbeeren	roh/vorgefrieren	8–10	8–10	5– 8
Rhabarber	blanchieren	8–10	8–10	5– 8
Stachelbeeren	roh/vorgefrieren	10–12	mit Streuzucker 8–10	5– 8
			mit Zuckerlösung 15–18	10–12

SCHUTZ

Eine 40%ige Zuckerlösung (400 g Zucker auf 1 Liter Wasser) schützt Äpfel, Birnen und Pfirsiche vor dem Braunwerden. Um den Schutzeffekt zu verstärken, sollte man noch den Saft von 1 bis 2 Zitronen unter die Zuckerlösung rühren.

139

Das Einfrieren von Gemüse

GEMÜSE

Tiefgefrorenes Gemüse spart Zeit in der Küche, da es bereits geputzt tiefgefroren wird. Man kann es also aus dem Gefriergerät nehmen und sofort verwenden.

Bis auf wenige Ausnahmen, wie beispielsweise Blattsalate und Chinakohl, eignen sich fast alle Gemüsesorten zum Tiefgefrieren. Dabei sollte man stets berücksichtigen, wozu das jeweilige Gemüse verwendet werden soll. Blattgemüse, wie beispielsweise Spinat, gehört nur dann in das Gefriergerät, wenn er gekocht gegessen wird. Tomaten lassen sich als ganze Frucht einfrieren, verlieren dabei jedoch an Festigkeit. Sinnvoller ist es daher, Tomaten zu Püree zu verarbeiten und dieses tiefzugefrieren. Und Spargel schmeckt nun mal ganz frisch am besten.

Ähnliches gilt für den Kälteschlaf von Kräutern. Kräuter mit festen Blättern wie beispielsweise Salbei, Majoran, Thymian und Rosmarin sollte man lieber trocknen. Sie schmecken so konserviert würziger und aromatischer.

Was bedeutet blanchieren?

Beim Blanchieren werden Gemüse, aber auch Obst mit Hilfe eines Siebeinsatzes kurz (1 bis 3 Minuten) in siedend heißes Wasser getaucht und anschließend in Eiswasser abgeschreckt. Als Faustregel gilt: Pro 500 g Gemüse ca. 5 l Wasser verwenden. Eine Zugabe von Salz ist dabei nicht notwendig. Weiße Gemüse bleiben schön hell, wenn man 1 Esslöffel Zitronensaft oder Essig ins Blanchierwasser gibt. Vor dem Tiefgefrieren müssen Gemüse und Obst gut abtropfen. Die Gemüsesorten haben geringfügig variierende Blanchierzeiten. Das Wasser muss kochend heiß sein.

Blanchierzeiten

Grünkohl, Spinat, Wirsing und Zucchini 1–2 Minuten,
Spargel 1–3 Minuten,
Auberginen, Brokkoli, Erbsen, Gurken 2 Minuten,
Kohlrabi, Paprika, Weißkohl 2–3 Minuten,
Blumenkohl, Pilze, Lauch 2–4 Minuten,
Grüne Bohnen, Rosenkohl 3 Minuten,
Karotten, Rotkohl 3–5 Minuten.

Gemüse tiefgefrieren

Gemüse	Vorbereitung	Lagerdauer (Monate)
Auberginen	roh	4– 6
Blumenkohl	blanchieren	8–10
Bohnen	blanchieren	9–12
Brokkoli	blanchieren	9–12
Erbsen	blanchieren	12
Grünkohl	blanchieren	10–12
Gurken	roh	8–10
Karotten	blanchieren	9–12
Kohlrabi	blanchieren	9–12
Kräuter	roh/vorgefrieren	12
Lauch	roh	3
Paprika	roh	4– 6
Pilze	blanchieren	6– 8
Rosenkohl	blanchieren	9–12
Rote Bete	roh	9–12
Sellerie	blanchieren	7– 9
Spargel	blanchieren	6– 9
Spinat	blanchieren	10–12
Zucchini	blanchieren	4– 8

AUFTAUZEIT
Tiefgefrorenes Gemüse und Kräuter aus dem Gefriergerät müssen nicht aufgetaut werden. Man kann sie sofort erhitzen.

Tiefgefrorene Gemüsemischungen

Entsprechend den Jahreszeiten lassen sich saisonale Gemüsemischungen für die schnelle Küche als Beilage tiefgefrieren – am praktischsten portionsweise.

● Frühlingsgemüse:
Halbierte kleine Frühlingskarotten, Kohlrabistifte, Spargelstücke, Ringe von Frühlingszwiebeln und Zuckerschoten.

● Sommergemüse:
Blumenkohl- und Brokkoliröschen, Erbsen, Karottenstifte und Maiskörner.

● Herbstgemüse:
Auberginen- und Tomatenscheiben, bunte Paprikastreifen, Maiskörner und Tomatenpüree.

● Wintergemüse:
Karottenscheiben, Knollenselleriestifte und Lauchringe. Oder Rosenkohlröschen und Schwarzwurzelstücke oder Wirsingstreifen und Karottenstifte.

Das Einfrieren von Kräutern

KRÄUTER-MISCHUNGEN
Für spezielle Gerichte kann man entsprechende Kräutermischungen vor dem Tiefgefrieren zusammenstellen.

Zunächst werden die Kräuter kurz überbraust und mit Küchenkrepp sorgfältig trockengetupft. Dann werden einzelne Zweige und Blätter auf ein Backblech gelegt und vorgefroren. Anschließend füllt man sie in Gefrierdosen, legt eventuell ein Cellophanblättchen dazwischen, verschließt die Dosen und stellt sie wieder ins Gefriergerät. Gehackte Kräuter werden am besten in Gefrierbeutel gefüllt, gut flachgedrückt und dann tiefgefroren. Bewährt hat sich, immer so viel von den gefrorenen Kräutern abzubrechen, wie benötigt wird, und den Gefrierbeutel dann wieder gut zu verschließen. Im Kälteschlaf bleiben Kräuter bis zu 12 Monate frisch.

Für Salate und zum Würzen von Suppen und Fischgerichten sollte man entsprechende Kräutermischungen bereits vor dem Tiefgefrieren zusammenstellen.

Das Einfrieren von Fleisch

Das Fleisch sollte gut abgehangen und nicht zu fett sein. Denn je geringer der Fettgehalt, desto länger hält sich tiefgefrorenes Fleisch. Anhaftendes Fett deshalb vorher sorgfältig entfernen. Damit das Fleisch länger haltbar ist, sollte man es zudem unter fließendem Wasser abspülen und mit Küchenkrepp sorgfältig trockentupfen. Dann das Fleisch in Alufolie einschlagen. Darauf achten, dass sich keine Hohlräume mit Luft bilden. Anschließend bei mindestens minus 18 °C schockgefrieren. Knochen sollten vorher entfernt werden. Sie sind besonders sperrig und können beim Suchen das Verpackungsmaterial beschädigen. Am besten aus den Knochen eine Brühe zubereiten und diese tiefgefrieren.

Kleinere Fleischstücke wie beispielsweise Schnitzel und Steaks werden am besten durch Cellophanblättchen getrennt, damit das Fleisch nicht zusammenfriert und sich besser auftauen lässt. Im Kälteschlaf bleiben magere Fleischstücke zwischen 6 und 12 Monate frisch. Fettes Fleisch sollte innerhalb von 2 bis 3 Monaten verzehrt werden, da es auch im Gefriergerät ranzig wird.

Bei Wild erspart das Tiefgefrieren das Beizen. Der Kälteschlaf verändert nämlich die Zellstruktur so, dass das Fleisch ohne Beize zart und mürbe wird.

Braten sollten portionsweise tiefgefroren werden. Sie frieren schneller durch und tauen rascher auf. Am schonendsten tauen Braten über Nacht im Kühlschrank auf. Das in ihnen enthaltene Eiweiß hat auf diese Weise genug Zeit, den Fleischsaft zu binden. Das Fleisch wird beim Garen zart und bleibt schön saftig.

Gegarte Fleischgerichte tiefgefrieren

Bereits gegarte Gerichte wie Rouladen und Gulasch lässt man auf Zimmertemperatur abkühlen und friert sie dann ein. Werden die Speisen auf Vorrat zubereitet, sollte man vorsichtig würzen. Denn der Geschmack vieler Gewürze ändert sich beim Tiefgefrieren. Deshalb lieber beim Erhitzen noch nachwürzen. Vorgegarte Gerichte müssen nicht erst aufgetaut werden. Generelle Gefahr beim Einfrieren ist der Gefrierbrand. Gefrierbrand entsteht durch eine unsachgemäße Verpackung, die zum Austrocknen des Gefriergutes in den Randschichten führt.

ERNEUTES EINFRIEREN
Rohes Fleisch darf nie zweimal eingefroren werden.

Fleisch tiefgefrieren

Fleisch	Vorbereitung	Lagerdauer (Monate)	Auftauzeit (Std./ Zimmertemp.)
Hackfleisch, fett	frisch einfrieren	1– 3	4– 6
Hackfleisch, mager	frisch einfrieren	3– 4	4– 6
Hammelfleisch	frisch einfrieren	3– 6	ca. 12
Innereien	frisch einfrieren	3– 6	ca. 6
Kalbfleisch	frisch einfrieren	9–12	ca. 12
Knochen	auskochen	1– 3	–
Rindfleisch	frisch einfrieren	10–12	12–14
Schweinefleisch, fett	frisch einfrieren	4– 7	12–14
Schweinefleisch, mager	frisch einfrieren	7–10	12–14
Speck, geräuchert	frisch einfrieren	2– 5	4– 6
Speck, roh	frisch einfrieren	1– 3	4– 6
Wild	frisch, ungebeizt	8–10	ca. 10
Wurst	frisch einfrieren	2– 4	4– 6

Geflügel tiefgefrieren

Geflügel	Vorbereitung	Lagerdauer (Monate)	Auftauzeit (Std./ Zimmertemp.)
Ente	dressieren	2– 4	18–22
Gans	dressieren	3– 6	20–24
Hähnchen	dressieren	8–10	8–12
Poularde	dressieren	8–10	16–20
Pute	dressieren	4– 6	20–24
Suppenhuhn	dressieren	8–10	12–18 ohne Innereien nicht auftauen!
Wildgeflügel	dressieren	8–10	12–14

GEFLÜGEL
Geflügel darf mit dem Auftauwasser nie in Berührung kommen – Salmonellengefahr!

Was versteht man unter dressieren?

Das Wort dressieren stammt aus dem Französischen und bedeutet aufrichten (dresser). Allgemein versteht man unter dem Dressieren, einer Speise eine bestimmte Form zu geben bzw. eine Speise dekorativ anzurichten. In Zusammenhang mit Geflügel bedeutet dressieren, ganze Tiere wie beispielsweise ein Huhn oder eine Ente mit Küchengarn so zusammenzubinden, dass Schenkel und Flügel fest am Tier anliegen. Beim Tiefgefrieren verhindert man dadurch ein mögliches Durchstoßen des Verpackungsmaterials durch spitze hervorstehende Knochen.

Das Einfrieren von Fisch

Für das Tiefgefrieren von Fisch gelten nahezu die gleichen Regeln wie für das Einfrieren von Fleisch. Je geringer der Fettgehalt, desto länger hält sich tiefgefrorener Fisch. Fische für das Tiefgefrieren sollten möglichst fangfrisch sein. Man erkennt frische Fische an den klaren, glänzenden Augen, den unbeschädigten glatten Schuppen und den roten Kiemen. Die Fische werden ausgenommen, gewaschen und innen und außen leicht trockengetupft. Nach Wunsch kann man sie auch filetieren. Die Fische oder Fischfilets werden einzeln auf ein Backblech gelegt und unverpackt vorgefroren. Anschließend taucht man sie kurz in kaltes Wasser (glacieren). Die Fische werden dann in Alufolie verpackt und wieder ins Gefriergerät gelegt.

Fisch tiefgefrieren

Fisch	Vorbereitung	Lagerdauer (Monate)	Auftauzeit (Std./ Zimmertemp.)
Aal, frisch	frisch einfrieren	1– 2	–
Aal, geräuchert	–	1– 2	4– 6
Forelle, frisch	frisch einfrieren	2– 4	–
Forelle, geräuchert	–	2– 4	2– 4
Hecht	frisch einfrieren	3– 6	12–14
Kabeljau	frisch einfrieren	9–12	12–14
Karpfen	frisch einfrieren	2– 3	12–16
Lachs	frisch einfrieren	2– 3	12–14
Makrele	frisch einfrieren	2– 3	12–14
Scholle	frisch einfrieren	9–12	12–14

FANGFRISCH
Frische Fische erkennt man an den klaren Augen und der glänzenden Haut.

Spezialitäten aus der Tiefkühltruhe

Verschiedene Beilagen und Garnituren können gut schon im Voraus auf Vorrat zubereitet werden. Ist das Festtagsmenü auf diese Weise teilweise vorbereitet und eingefroren, lässt sich der übliche Festtagsstress vermeiden.

● Dillbutter passt zu Fisch, Weinbrandbutter mit grünem Pfeffer zu Steaks, Minzebutter zu Lammkoteletts, Kräuterbutter zu Gemüse, Knoblauchbutter zu Gegrilltem, Radieschen- und Kaviarbutter passen zu Stangenweißbrot, Erdbeer- und Orangenbutter zu Kastenkuchen – Ihrer Phantasie sind keine Grenzen gesetzt.

● Gemüseeinlagen für Suppen entsprechend zerkleinern, eventuell blanchieren und einfrieren. Gefroren in klarer Brühe miterhitzen.

● Pfannkuchen in Streifen (Flädle) schneiden oder beliebige Motive ausstechen und tiefgefrieren. Ebenfalls gefroren in klarer Brühe miterhitzen. Auch Nockerln und andere Suppeneinlagen lassen sich vorbereiten und tiefgefrieren.

● Blätterteiggarnituren, Kleingebäck aus Blätterteig oder Pasteten nach dem Auskühlen sofort einfrieren und bei 250 °C im Backofen wieder aufbacken.

● Früchte in Eiswürfelbehältern mit Wasser, Fruchtsäften oder Wein einfrieren und Getränke damit servieren. Besonders attraktiv sehen mit dem Stiel eingefrorene Kirschen und Johannisbeerrispen aus.

Rezeptvorschläge für einen kleinen Stehempfang

- Nürnberger Rostbratwürstchen
  frisch kaufen und braten
- Mini-Fleischpflanzerl und -bällchen
  tiefgefrieren und kurz aufbacken
- Quiche Lorraine
  tiefgefrieren, kurz aufbacken und portionieren
- Lachskipferl
  tiefgefrieren und bei 240 °C aufbacken
- Mini-Pizzen
  tiefgefrieren und kurz aufbacken

Dazu kleine Brötchen, frisch gezapftes Bier und trocknen Weißwein servieren.

VORBEREITEN
Speziell vor Festtagen kann man sich viel Stress ersparen, wenn man bestimmte Beilagen und Garnituren bereits im Voraus auf Vorrat zubereitet und tiefgefriert.

QUICHE LORRAINE

Für 1 Springform mit 26 cm Ø

100 g Margarine
100 g Pflanzenfett, z. B. Biskin
1 Ei
1/8 l Wasser
375 g Mehl
Außerdem:
200 g gekochter Schinken
200 g Allgäuer Emmentaler
6 Eier
0,4 l Milch
Salz, Pfeffer
Fett und Semmelbrösel für die Form

Zubereitung

1 Die Margarine mit dem Fett vermischen. Beide sollten Zimmertemperatur haben. Ei, Wasser, 1 Prise Salz und das Mehl unterarbeiten. 2 Stunden ruhen lassen.

2 Springform leicht ausfetten, mit Semmelbröseln ausstreuen. Den Teig ausrollen und die Form damit auskleiden. Den Teigboden mit einer Gabel mehrmals einstechen. Im vorgeheizten Backofen bei 200 °C ca. 10 Minuten vorbacken.

3 Den Schinken und den Käse fein würfeln. Die Eier mit der Milch verrühren. Die Schinken- und Käsewürfelchen unterrühren. Mit wenig Salz und Pfeffer würzen. Gleichmäßig über den vorgebackenen Teig gießen.

4 Den Backofen auf 180 °C zurückschalten. Die Quiche etwa 20–30 Minuten weiterbacken.

LACHSKIPFERL

Für ca. 20 Stück

1 Packung TK-Blätterteig in Platten
150 g geräucherter Lachs
fein gewiegter Dill
1 Eigelb
Sahne

Zubereitung

1 Die Blätterteigplatten so nebeneinander legen, dass sie sich leicht überlappen und etwas antauen lassen. Dann die Platten mit einem Nudelholz leicht ausrollen. Es sollten keine Nahtstellen mehr sichtbar sein.

2 Aus dem Blätterteig Dreiecke mit etwa 9 cm Breite und 14 cm Länge ausradeln oder -schneiden.

3 Den geräucherten Lachs fein würfeln und mit Dill vermischen. Je einen Klecks der Lachs-Dill-Mischung auf dem oberen, breiten Teil der Dreiecke verteilen. Dann die Dreiecke von der breiten Seite zur Spitze hin aufrollen und zu Kipferln formen.

4 Die Lachskipferl mit der Nahtstelle nach unten auf ein mit Wasser benetztes Backblech setzen. Das Eigelb mit etwas Sahne verrühren und die Kipferl damit bestreichen. 10 Minuten ruhen lassen.

5 Die Lachskipferl im vorgeheizten Backofen bei 220 °C 8–10 Minuten lang backen. Dann auskühlen lassen, verpacken und tiefgefrieren.

Tip

Auf die gleiche Weise lassen sich Schinkenkipferl oder Käsekipferl herstellen. Für die Schinkenkipferl rohen oder gekochten Schinken verwenden. Für Käsekipferl eignen sich besonders gut pikante Käsesorten wie Gorgonzola, Roquefort oder Emmentaler. Für Gemüsekipferl blanchierte Gemüsewürfel, etwas Quark und gehackte Kräuter vermischen.

ABWECHSLUNG

Aus dem Blätterteig zur Abwechslung statt Kipferl kleine Taschen oder Dreiecke formen. Die Nahtstellen dabei immer gut zusammendrücken, damit die Füllung nicht herausquellen kann.

Pikante Note durch Würzsaucen und Tapenaden

Salsa Verde: 2 Bund Petersilie, 100 g blanchierte Zwiebelwürfel, 100 g gehackte Essiggurken, 3 Sardellenfilets und 1 Esslöffel Kapern mit 5 cl Weinessig pürieren, dann 0,1 l Olivenöl unterrrühren, mit Salz und Pfeffer abschmecken.

Rezeptvorschläge für ein kalt-warmes Buffet

Die folgenden Gerichte können vorbereitet und tiefgefroren werden. Bei Bedarf werden sie erhitzt bzw. aufgebacken:
Kraftbrühe mit Pfannkuchenstreifen,
Schweinefilet mit Blätterteig,
Schweinekarree mit Backpflaumen gefüllt,
Kartoffelgratin, Apfelstrudel.

Tiefgefroren und dann auf- bzw. angetaut werden:
Pikanter Rindfleischsalat,
Kalbfleisch in Thunfischsauce,
Eierlikörkuchen, Grand-Marnier-Parfait.

Frisch zubereitet werden:
Geräucherter Lachs mit Meerrettichsahne,
Melonenschiffchen mit Schinken,
Fleisch und Gemüse vom Grill,
Salate der Saison,
Käseauswahl mit Weintrauben oder Beerenobst,
Rote Grütze, Fruchtsalat mit Maraschino.

BEILAGEN
Dazu kleine Brötchen und verschiedene Brotsorten, Kräuterbutter und Salatdressings sowie Bier, Wein und nichtalkoholische Getränke servieren.

EIERLIKÖRKUCHEN

Für 1 Gugelhupfform

6 Eier
250 g Puderzucker
1/4 l Sonnenblumenöl
1 Päckchen Vanillezucker
1 Päckchen Backpulver
125 g Mehl
125 g Speisestärke
1 Prise Salz
1/4 l Eierlikör
Fett und Grieß für die Form

Zubereitung

1 Die Eier mit dem Puderzucker schaumig rühren. Das Öl und den Vanillezucker nach und nach unterrühren. Dann das Backpulver, das gesiebte Mehl und die Speisestärke untermischen. Zuletzt das Salz und den Eierlikör hinzufügen.

2 Die Gugelhupfform ausfetten und mit Grieß ausstreuen. Den flüssigen Teig hineingießen. Im vorgeheizten Backofen bei 180 °C 50–60 Minuten backen. Am besten die Nadelprobe machen.

3 Den Eierlikörkuchen auskühlen lassen, verpacken und tiefgefrieren.

SCHWEINEFILETS IN BLÄTTERTEIG

Pro Person

1 Platte TK-Blätterteig
120 g Schweinefilet
Salz, Pfeffer
Fett zum Braten
Eigelb und Sahne zum Bepinseln

Zubereitung

1 Die Blätterteigplatten antauen lassen und mit einem Nudelholz etwas dünner ausrollen.

2 Die Schweinefilets würzen und rundum kurz anbraten. Dadurch geht kein Fleischsaft verloren und der Blätterteig weicht nicht durch. Die Schweinefilets auf die Blätterteigplatten legen und darin einschlagen.

3 Die Schweinefilets im Blätterteig mit der Nahtstelle nach unten auf ein mit Wasser benetztes Backblech legen. Eigelb und Sahne verrühren. Die Blätterteigstücke damit bepinseln.

4 Die Schweinefilets in Blätterteig im vorgeheizten Backofen bei 220 °C je nach Dicke etwa 15–20 Minuten backen. Anschließend auskühlen lassen, verpacken und sofort tiefgefrieren.

AUFBACKEN

In Blätterteig Tiefgefrorenes am besten bei 240 °C aufbacken, damit es schön kross wird. Sollte es zu dunkel werden, den Backofen auf 200 °C zurückschalten.

SCHWEINEKARREE MIT BACKPFLAUMEN GEFÜLLT

Für 10 Personen

1,5 kg ausgelöster Schweinerücken
250 g Backpflaumen
Salz, Pfeffer
Fett zum Braten

Zubereitung

1 In den ausgelösten Schweinerücken von beiden Längsseiten her mit einem spitzen Fleischmesser eine Tasche einschneiden. Die Fleischtasche mit den Backpflaumen füllen. Dafür am besten die Backpflaumen mit einem Kochlöffelstiel in die Tasche drücken.

2 Den gefüllten Schweinerücken mit Salz und Pfeffer würzen. Dann in erhitztem Fett rundum anbraten. Im vorgeheizten Backofen bei 200 °C je nach Dicke 30–40 Minuten braten.

3 Das Schweinekarree auf einem Gitter auskühlen lassen, verpacken und tiefgefrieren.

4 Nach dem Auftauen in dünne Scheiben schneiden und mit einer pikanten Würzsauce, beispielsweise mit Apfel-Zwiebel-Chutney (siehe Seite 113), servieren.

149

Lagern

von Nahrungsmitteln – einst eine überlebenswichtige Angelegenheit – hat in den letzten Jahren aufgrund mangelnder Lagermöglichkeiten immer mehr an Bedeutung verloren.

Vorräte

Was kann, was soll alles bevorratet werden? Konserven und Trockenprodukte lassen sich am einfachsten lagern, nämlich einfach im Küchenschrank. Heute nimmt den größten Lagerraum eines Haushalts die Gefriertruhe ein. In ihr werden die meisten Vorräte gelagert. Daneben finden sich in jedem Kühlschrank weitere Lebensmittel, die eine begrenzte Zeit haltbar sind. Obwohl die Wege meist kurz und die Möglichkeiten nahezu unbegrenzt sind, sich mit Lebensmitteln einzudecken, ist es trotzdem gut, sich einen gewissen Grundvorrat anzulegen, der durch Produkte aus dem Gefriergerät ergänzt werden kann. Dieser Grundvorrat ist heute zwar nicht mehr wie früher für Notfälle gedacht, doch wer über einen solchen verfügt, kann nicht nur viel Zeit sparen, sondern auch jederzeit überraschende Gäste bewirten.

STRESS
Speziell vor Festtagen kann man sich viel Stress ersparen, wenn man auf gelagerte, tiefgefrorene oder eingelegte Vorräte zurückgreift.

Moderne Lagermöglichkeiten

Während es in früheren Zeiten viele verschiedene Möglichkeiten gab, Frischkost zu lagern, nämlich in so genannten Vorratsgruben, in Vorratshäusern, in eigens dafür bestimmten Kellern oder in Speisekammern, so verfügen heute die meisten Wohnungen nicht einmal mehr über einen Keller, der sich zum Lagern von Obst, Gemüse und Kartoffeln eignet, geschweige denn über eine Speisekammer. Da zudem die zu versorgende Anzahl von Personen in Familie und Haushalt mittlerweile stetig abgenommen hat, wurde auch die Vorratshaltung immer weiter verringert. Die Zahl der Ein- und Zweipersonenhaushalte ist in den letzten Jahren ständig gewachsen. Deren notwendige Lebensmittelvorräte sind natürlich nicht mit denen einer einstigen Großfamilie zu vergleichen.

Die modernen Lagermöglichkeiten beschränken sich daher im Wesentlichen auf den Kühlschrank, die Tiefkühltruhe sowie einen Küchenschrank für trockene Vorräte. Und nur noch gelegentlich finden sich Vorratskeller und Speisekammern.

Lagern im Kühlschrank

Der Kühlschrank ist nur bedingt zur Vorratshaltung geeignet. Denn Lebensmittel können in ihm nur eine relativ kurze Zeit aufbewahrt und gelagert werden. Beim Kühlen verlangsamen sich chemische Umsetzungsprozesse in Lebensmitteln. Gleichzeitig wird das mikrobielle Wachstum gehemmt. Im Kühlschrank werden Lebensmittel bei einer Temperatur von plus 5 °C bis 0 °C gelagert. Die Luftfeuchtigkeit beträgt dabei zwischen 85 und 90 Prozent. Die Nährstofferhaltung ist bei der Lagerung im Kühlschrank je nach Nährstoff ganz verschieden. Sie hängt außerdem auch vom jeweiligen Lebensmittel selbst ab. Mineralstoffe in Obst und Gemüse werden beispielsweise während der Lagerung nicht abgebaut. Sehr unterschiedlich hingegen sind die Verluste an Vitamin C. Sie sind u. a. von der Lagertemperatur – je höher, desto größer – und von der Obst- bzw. Gemüseart abhängig. Der Genusswert von Lebensmitteln kann während der Lagerung im Kühlschrank durch Austrocknen, Farb-, Aroma- und Geschmacksveränderungen sowie Geruchsübertragungen beeinträchtigt werden. Daher sollten Lebensmittel dort gut verpackt aufbewahrt werden.

Die richtige Verpackung

Je nach Lebensmittel empfehlen sich folgende Verpackungen:
- Gläser mit Twist-off-Deckel, Kunststoffdosen und gut abgedeckte Porzellangefäße für flüssige und halbfeste Speisen wie Saucen und Speisereste,
- Frischhalte- oder Alufolie für Käse und Wurstwaren und
- Frischhaltebeutel für Kräuter, Blattsalate, Fleisch und Fisch.
- Gemüse und Obst werden in locker verschlossenen Papiertüten im Gemüsefach aufbewahrt.

Lagern im Küchenschrank

Die Lagermöglichkeiten im Küchenschrank sind ziemlich eingeschränkt. Man sollte daher genau überlegen, was für den persönlichen Vorrat benötigt wird. Wer beispielsweise nur ab und zu Kuchen backt, dem reicht 1 kg Mehl auf Vorrat. Salz, das normalerweise nur in geringen Mengen verwendet wird, gehört ebenfalls nur in Kleinstpackungen gelagert. Wer hingegen gerne und regelmäßig Pasta oder Reis isst, kann dem vorhandenen Platz entsprechend ruhig Sonderangebote ausnutzen. Wenn häufig überraschend Gäste auftauchen, sollte man auch dies berücksichtigen und Oliven, sauer Eingelegtes, Nüsse und ähnliche Knabbereien auf Vorrat parat haben.

Der richtige Aufbewahrungsort

Vorräte sollten nie in einem Schrankteil direkt über dem Herd gelagert werden. Beim Kochen entsteht häufig Wasserdampf, der durch die Ritzen dringt. Das Trockengut wird feucht. Zucker und Salz werden klumpig, Mehl ist nicht mehr griffig, und selbst verpackte Nudeln können weich werden. Außerdem ist es über dem Herd am wärmsten. Auch dies beeinträchtigt die Qualität des Vorrats. Falls keine andere Lagermöglichkeit besteht, empfiehlt es sich, empfindliche Lebensmittel wie Mehl, Salz und Zucker, aber auch Nüsse und Trockenfrüchte in Gläser mit Twist-off-Deckel oder gut schließende Kunststoffdosen umzufüllen, damit ihre Qualität nicht leidet.

Lagern im Keller

Frisches Obst und Gemüse lassen sich natürlich am besten in einem dafür geeigneten Vorratskeller aufbewahren. Gerade wenn man einen eigenen Garten besitzt und viel Obst und Gemüse erntet, ist man auf diese Lagermöglichkeit angewiesen. Dabei sollte man beachten, dass der Vorratskeller nicht nur die richtige Temperatur, nämlich zwischen ca. 3 °C und max. 10 °C hat, sondern auch die entsprechend günstige Luftfeuchtigkeit (zwischen 80 und 90 Prozent). Da Äpfel während der Nachreifung Gase ausströmen, die dem Gemüse schaden, sollten sie am besten nicht zusammen aufbewahrt werden. Es empfiehlt sich, Obst auf luftdurchlässigen Ablagen auszubreiten, Wurzelgemüse in mit Sand gefüllten Holzkisten zu lagern. Kartoffeln sollten in mit Plastikfolie abgedeckten Kartoffelkisten untergebracht werden. Winterhartes Gemüse wie Lauch, Rosenkohl u. a. kann in einem so genannten Frühbeet im Garten überwintern, das man hierfür jedoch von außen mit Tannenreisig abdeckt und so vor zu viel Frost schützt.

Der ideale Keller

Die ideale Luftfeuchtigkeit im Keller sollte ungefähr 90 Prozent betragen. Keller mit Betonböden in den meisten modernen Häusern sind oft zu trocken. Daher Steine oder Sand auf dem Boden ausbreiten und sie immer wieder mit Wasser befeuchten.

Damit das Lagern gelingt

LAGERN
Nur wer richtig lagert, kann seine Vorräte auch wirklich nutzen.

● Überladen Sie den Kühlschrank nicht. Dann kann die Luft zirkulieren und alle Lebensmittel ausreichend kühlen.
● Kühlen Sie heiße Speisen im kalten Wasserbad ab und stellen Sie sie erst dann in den Kühlschrank.
● Kontrollieren Sie regelmäßig das Hauptkühlfach. Es darf nicht mehr als plus 7 °C haben.
● Lagern Sie nur frische Lebensmittel ein.
● Achten Sie beim Einkauf aufs Mindesthaltbarkeitsdatum.
● Tauen Sie den Kühlschrank regelmäßig ab und waschen Sie ihn mit Essigwasser aus.
● Packen Sie Ihren Küchenschrank nicht zu voll. Ihr Vorrat ist dann übersichtlicher, und die Luft kann besser um die Trockenprodukte zirkulieren.
● Kontrollieren Sie regelmäßig das Mindesthaltbarkeitsdatum von Konserven.
● Achten Sie auf eventuelle Vorratsschädlinge.
● Räumen Sie regelmäßig Ihren Küchenschrank aus und reinigen Sie ihn. Erst wenn er gut ausgetrocknet ist, die Vorräte wieder darin stapeln.
● Legen Sie nur einen kleinen Vorrat an und ergänzen Sie Verwendetes durch frische Produkte.
● Sorgen Sie im Keller für die richtige Luftfeuchtigkeit und die richtige Temperatur.
● Lagern Sie Obst und Gemüse möglichst in zwei getrennten Kellerräumen, damit sie sich nicht gegenseitig schaden.
● Sortieren Sie fauliges Obst und Gemüse stets aus Ihren Vorräten aus.

Vorsicht vor Vorratsschädlingen

Trotz sachgerechter Lagerung kann es zum Befall durch Vorratsschädlinge kommen. In der Regel hilft dann nur noch das Wegwerfen der Vorräte und gründliches Reinigen des Vorratsschrankes. Dies ist auch generell zu empfehlen, da Vorratsschädlinge selten anders ganz ausgerottet werden können. Häufig ist dabei zusätzlich ein Erhitzen und Tiefgefrieren der befallenen Lebensmittel notwendig, um sicherzustellen, dass sich kein Schädling mehr im Haushalt befindet.

Folgende Vorratsschädlinge sind am häufigsten im Haushalt anzutreffen:

- Die Mehlmotte und der Mehlkäfer finden sich zuweilen in Mehl und Getreideprodukten. Erstgenannte befällt auch Hülsenfrüchte, Nüsse und Schokolade. Da sich diese Insekten schnell vermehren, ist es besonders schwierig, sie wieder loszuwerden.

- Die Dörrobstmotte kommt vor allem in pflanzlichen Lebensmitteln wie Getreideprodukten, Nüssen, Trockenobst und Schokolade vor. Da sich die Larven an Wänden und Decken einspinnen, kann es auch nach der vermeintlichen Vernichtung wieder zum Auftreten von Dörrobstmotten kommen.

- Der Brotkäfer zählt zu den häufigsten Schädlingen. Er befällt speziell Backwaren und Getreideprodukte, aber auch Gewürze, Schokolade und Hülsenfrüchte. Am besten schützt man die Lebensmittel, indem man sie in gut verschließbaren Dosen und Gläsern aufbewahrt.

- Die gewöhnliche Stubenfliege ist im Sommer in jedem Haushalt anzutreffen. Sie bevorzugt pflanzliche Nahrungsmittel. Andere Fliegensorten dagegen nisten sich gerne auf Fleisch, Käse und Fisch ein. Diese Lebensmittel sollte man entsprechend verpacken. Am besten schützt man die Wohnung durch Fliegengitter in den Fenstern.

- Die Essigfliege findet sich in Obst, Gemüse, Essig, Bier und Wein, wenn diese sich bereits zersetzen. Durch entsprechende Hygienemaßnahmen, wie die rasche Beseitigung von Abfällen, lässt sich das Auftreten dieser kleinen Fliegen in Kürze beseitigen.

SCHUTZ

Durch Vorratsschädlinge gefährdete Lebensmittel am besten in gut verschließbaren Gläsern aufbewahren.

Der Grundvorrat

Anhand dieser Aufstellung eines zweiwöchigen Notvorrats für eine erwachsene Person können Sie Ihren eigenen Grundvorrat zusammenstellen:

Trockenvorräte

KONTROLLE

Auch ein Notvorrat muss regelmäßig kontrolliert und ergänzt werden. Denn kein Nahrungsmittel ist unbegrenzt haltbar.

2 Päckchen Dauervollkornbrot à 500 g
5 Päckchen Knäckebrot à 200 g
1 Packung Kekse à 250 g
1 Packung Haferflocken à 500 g
1 Packung Pasta à 500 g
1 Päckchen Reis à 500 g
1–2 Packungen Instant Kartoffelpüree
1 Packung Hülsenfrüchte à 500 g
1 Packung Zucker à 500 g

Konserven

4 Dosen Fleisch à 315 ml
3 Dosen Wurst à 315 ml
1–2 Dosen Fisch
2 Dosen Fertiggerichte à 580 ml
4 Dosen Gemüse à 425 ml
4 Dosen Obst à 425 ml
1 Glas eingelegte Gurken
1 Büchse Kondensmilch
1 Glas Honig oder Konfitüre à 450 ml

Milch- und Milchprodukte

3 l H-Milch im Tetrapack
50 g Hart- und Schmelzkäse
250 g Schmelzkäse

Getränke

2 Kästen Wasser ohne Kohlensäure
1 l Fruchtsaft

Außerdem:

Kaffee, Tee, Nüsse, Trockenobst, Butter oder Margarine, Öl, Salz.

Bildnachweis

Albrecht Dirk, Meinerzhagen: 47, 48, 60, 61, 77, 93, 125; Bavaria, Gauting: Plakat (Fond) (Panoramic Images); Kerth Ulrich, München: Titelbild (Fond, Einklinker), Plakat (u. li. und re.), 18, 23, 27, 42, 52, 56, 72, 88, 114, 117, 120, 134, 150; Mauritius, Mittenwald: Plakat (u. re.) (Rosenfeld); Südwest Verlag, München: 30 (Karl Newedel), 50, 65, 80, 104

Anmerkung der Redaktion

Diesem Buch liegt die im Juli 1996 in Wien beschlossene und ab 1.8.1998 verbindliche Neuregelung der deutschen Rechtschreibung zu Grunde.

Hinweis

Das vorliegende Buch ist sorgfältig erarbeitet worden. Dennoch erfolgen alle Angaben ohne Gewähr. Weder Autoren noch Verlag können für eventuelle Nachteile oder Schäden, die aus den im Buch gemachten Hinweisen resulticren, eine Haftung übernehmen.

Über die Autoren

Heike Knophius, studierte Ernährungswissenschaftlerin, war lange Zeit als Ressortleiterin für Ernährung bei mehreren großen Frauenzeitschriften tätig. Als selbstständige Fachjournalistin schreibt sie heute über gesundheitsbewusste Ernährung.

Norbert Dütsch ist gelernter Koch und legte zusätzlich die Prüfung als Küchenmeister ab. Heute unterrichtet er als Fachlehrer angehende Köche an der Hotelfachschule Pegnitz.

Literatur

Cameron-Smith, Marye: *Spaß am Einmachen*. Albert Langen Müller Verlag. Rüschlikon-Zürich, Stuttgart u. a. 1977.

Dähncke, Rose Marie; Dähncke, Sabine Maria: *Schlemmereien aus Wald und Wiese*. AT Verlag. Aarau 1980.

Handbuch für die Einmachzeit. Pfeifer & Langen, Köln, 1996.

Kraft GF GmbH: *Mehr Wissen über Ernährung Nr. 3, Lebensmittelverarbeitung im Haushalt*. Ulmer. Stuttgart 1992.

Linnich, Eike: *Das große Einmachbuch*. Mosaik Verlag. München 1977.

Melitta GmbH & Co.KG, Minden / Dr. August Oetker Nahrungsmittel KG, Bielefeld: *Saison Küche 6/96 und 12/96*.

Putz, Seraphine: *Gesundheit speichern*. Tyrolia-Verlag. Innsbruck, Wien 1986.

Studer, Arnold; Daepp, Hans Ulrich; Suter Edith: *Vorratshaltung von Obst und Gemüse*. Ulmer. Stuttgart 1983.

Johann Weck GmbH & Co. KG Wehr-Öflingen: *Weck-Einkochbuch*. 1994.

Impressum

© 1997

W. Ludwig Verlag in der Südwest Verlag GmbH & Co. KG, München

Alle Rechte vorbehalten. Nachdruck – auch auszugsweise – nur mit Genehmigung des Verlags.

Redaktion:
Antje Eszerski, Julei M. Habisreutinger, Margit Brand

Projektleitung:
Sandra Klaucke, Berit Hoffmann

Redaktionsleitung:
Dr. Reinhard Pietsch

Bildredaktion:
Bettina Huber

Umschlag:
Hempel/Langkau, München

Plakat:
Bettina Kammerer, München

DTP/Satz:
Irmi Putterer, München

Produktion:
Manfred Metzger

Druck:
Westermann Druck, Zwickau

Einband:
R. Oldenbourg, München

Printed in Germany
Gedruckt auf chlor- und säurearmem Papier

ISBN 3-7787-3601-9

Sachregister

Rezeptregister